多国籍企業・グローバル企業と日本経済

はじめに

夏目啓二

今日、世界はデジタル革命の只中にある。クラウド技術、ビッグ・データ、ＡＩ（人工知能）、ＩｏＴ（インターネット・オブ・シングス）などの技術革新が、世界のあらゆる産業、金融、流通、通信、サービスに浸透し、その構造を転換している。この構造転換をＵＮＣＴＡＤ（国連貿易開発会議）の『世界投資報告２０１７』は、デジタル経済と定義し、分析している。このデジタル経済で先駆けるアメリカは、台頭する中国との間で貿易戦争と技術覇権競争を繰り広げる。

米中の貿易戦争と技術覇権争いが、世界経済と日本経済に大きな影響を与えている。ＵＮＣＴＡＤの『世界投資報告２０１９』によると、世界の海外直接投資フローが減少傾向に転じた。これは、21世紀をつうじて増大傾向にあった多国籍企業の活動が、再編成に転じたことを意味する。２０１８年、アメリカ多国籍企業が海外利益を本国に還流したこと、デジタルな多国籍企業の活動は、国外で大規模な設備投資を伴わないこと、中国の海外直接投資に対して欧米が投資規制するなど、世界の多国籍企業の活動が米中の貿易戦争と技術覇権争いに巻き込まれている。

本書は、２０１８年7月以降、米中の貿易戦争と技術覇権争いが激しさを増す中で、21世紀の世界のデジタルな多国籍企業、グローバル企業の企業間競争に焦点をあてている。本書は、デジタルな世界を支配するアメリカの多国籍企業、ＧＡＦＡ（グーグル、アマゾン、フェイスブック、アップル）と、台頭する中国の多国籍企業、ＢＡＴＨ（バイドゥ、アリババ集団、テンセント、ファーウェイ）、日本のソフトバンクとトヨタ自動車、医薬品多国籍企業、グローバル・バンク、かれらの企業財務に焦点を当てている。

本書のもとは『経済』(２０１９年６月号、新日本出版社)の特集「多国籍企業・グローバル企業と日本経済」である。６月号には座談会での報告だけでなく報告をうけての討論も掲載されていて、多国籍企業・グローバル企業の規定をふくめて興味深い議論をしている。また特集号には「日産とルノーの関係」など、今話題になっている問題をとりあげたコラムのページもあるので、あわせて『経済』６月号をご利用いただければ幸いである。

本書は、21世紀の多国籍企業、グローバル企業が、デジタルな世界でどのような企業間競争をしているのか、それが、世界経済と日本経済にいかなる影響をおよぼすのか、その影響に対して民主的な規制をどのように考えたらよいかを、明らかにしている。それゆえ、本書は、丸山恵也編著『現代日本の多国籍企業』(２０１２年、新日本出版)の後継版の位置づけにある。また本書には、新稿の「自動車産業の『ＣＡＳＥ』をめぐる競争と支配」(小阪隆秀、『経済』11月収録)も収録し、日本の代表的な多国籍企業・自動車産業の動向をとらえている。

トランプ政権は、２０１９年８月１日、中国に対する関税をほぼ全製品に広げる制裁関税「第４弾」を９月に発動すると発表した。この「第４弾」は、トランプ政権が大規模に中国製の消費財に制裁関税を課すものである。最も影響の大きい消費財がスマートフォン(スマホ)やパソコンなどのＩＴ製品である。

トランプ政権が、とくに、中国製のデジタル消費財に制裁関税を課す背景には、中国のデジタル産業の躍進が著しく、デジタルな世界市場におけるアメリカの支配を脅かしていることがある。つまり、習近平政権が２０１５年５月に発表した『中国製造２０２５』で製造強国を目ざしていることがある。

デジタルな世界の技術基盤となる５Ｇ(次世代情報通信)機器とスマホ分野での米中の技術覇権争いが激しい。とくに、トランプ政権が、２０１９年５月に発動した中国最大の通信機器メーカー、ファーウェイに対する禁輸措置が世界経済と日本経済へ及ぼしている。また、ファーウェイの対応策はどのようなものか、見よう。

1　米政権の禁輸措置が、ファーウェイと世界経済に及ぼす影響

米商務省は、２０１９年5月15日、ファーウェイへの事実上の禁輸措置を決めた。これにより、同社の経営への影響は決定的となった。同社は海外企業から６７０億ドル（約7兆円）前後の部品を調達、米国から年間で１００億ドル規模の部品を輸入しており、特に基幹部品の半導体で米企業に頼る部分が大きい。

米政権の禁輸措置は、ファーウェイのスマホや通信機器が依存する部品のグローバルなサプライ・チェーン（供給網）に大きな影響を及ぼす。ファーウェイのグローバルなサプライチェーン（92社）は、米国33社はじめ、日本11社、台湾10社、中国25社、その他13社の部品に依存しているからである。米国部品の禁輸措置に対して、ファーウェイは、同社の半導体設計子会社、海思半導体（ハイシリコン）などを通じたハードウェア部品の独自開発を推進し、部品調達先を変更して対応する方針である。

しかし、6月7日、フェイスブックがファーウェイの新規スマホにアプリを事前搭載しない方針を示した。「フェイスブック」のほか「ワッツアップ」、「インスタグラム」が対象になる。これらは、スマホに搭載するアプリ（ソフトウェア）とSNSである。フェイスブックのSNSユーザー数は世界で24億人といわれる。

また、米グーグルは5月下旬、ファーウェイに一部ソフトの供給を制限することを示唆している。さらに、中核半導体の技術を握る英半導体設計大手アーム・ホールディングスも取引停止の方針を決めており、ハードからソフトにまで供給停止が拡がった。ファーウェイにとって、これらソフトウェアの供給停止が決定的であった。

かくて、ファーウェイは、6月17日、米国による制裁の影響で今後2年間は売上高が計画比で計約３００億ドル（約3兆3千億円）減ると発表した。主力のスマホの世界販売は19年に2割減となり、特に海外販売が４割減

と大きく落ち込み、年間4000万台の減産に追いこまれる。ファーウェイの決定は、日本を含め世界のサプライチェーンにも大きな影響を与える。

2　米政権による禁輸措置へのファーウェイの対応策

この禁輸措置に対してファーウェイは、自国・中国の市場開拓を強化して対応する。6月26日、次世代通信規格「5G」に対応するスマホなどを中国で8月に発売すると発表した。

ファーウェイは通信技術を中心にソフトウェアや半導体など幅広い分野で研究開発を進め競争力を高めてきた。毎年、売上高の1割強を研究開発費に充て、2018年は1015億元（約1兆5千億円）にのぼった。世界に約19万人いる従業員の4割強が研究開発活動に携わる。ファーウェイの研究開発費は、直近5年で3倍に増えた。

世界有数の同社の研究開発費を国際比較すると、その実力は、一目瞭然である。EUの欧州委員会がまとめた研究開発費ランキング（18年版：単位：ユーロ）によると、ファーウェイ（113億）は、韓国サムスン電子（1位：134億）や米アルファベット（2位：134億）、米マイクロソフト（4位：123億）に次ぎ世界5位だった。米インテル（6位：109億）やライバルの米アップル（7位：97億）よりも多い。

ファーウェイは、米国による制裁の長期化に備えて、15億ドル（約1600億円）規模の資金を調達する。ファーウェイが中国の銀行団を引受先とする社債発行などで調達する。米欧企業からの部品やソフトウェアの調達は今後も難しいと判断し、内製化に向けた開発資金を確保するものであった。

その結果、ファーウェイは、8月9日、独自開発の基本ソフト（OS）を発表した。ただファーウェイは、顧客の利便性が高い米グーグルのＯＳ「アンドロイド」の採用継続が望ましいとみており、独自ＯＳ開発は禁輪という最悪のケースに備えた次善の策という位置づけである。

この段階では、ファーウェイへの禁輸措置の影響はまだ現われてはいない。今後に注目が集まる。

３　世界のデジタル市場で台頭するファーウェイとＧＡＦＡの社会的な課題

世界のデジタル市場で台頭するファーウェイの課題を見よう。世界のデジタル市場で台頭するファーウェイの２０１８年の売上高（約７０００億元：約10兆６千億円）の内訳は、約50％が中国市場、約30％が欧州・中東・アフリカ市場、約10％がアジア太平洋地域市場である。トランプ政権から排除されたアメリカ市場は、10％にも届かない。つまり、ファーウェイの４Ｇ、５Ｇ、スマホの普及は、アメリカなどの先進国市場ではなく、自国の中国市場はじめ、欧州、中東、アフリカ、アジア太平洋地域など新興国市場が中心である。

ファーウェイの４Ｇ、５Ｇとスマホの新興国への普及は、新興国における経済格差、所得格差、地域格差などから生じる情報アクセスへの格差＝デジタル・デバイド（情報格差）を解消し、豊かな社会を創造するのに貢献する。たとえば、ファーウェイは、アフリカで移動体通信網のプロジェクトで圧倒的な優位を占める。事務所を開設している国は、20か国に及び、そのうち４Ｇ網プロジェクトを推進している国は、９か国、５Ｇ網プロジェクトを推進している国は、エジプトと南アフリカの２か国である（*WSJ*,August15,2019）。

しかしながら、課題もある。ファーウェイは、現地の政府向けに電子的な監視や検閲に使用されるセキュリティ機器を販売してきた。ファーウェイは、国家監視システムのプロジェクトをエジプト、南アフリカはじめ13か国で推進する。

しかし、ファーウェイの国家監視システムはその域を超えている、といわれる。治安当局高官によると、現場に配置されたファーウェイの技術者が政敵を絶えず偵察している治安部隊やサイバー監視部門にトレーニングを提供している（*WSJ*,August,15,2019）、という。ファーウェイの国家監視システムは、現地政府の政敵や反政府活動家に対する抑圧の道具として機能している現実がある。

こうした現実にたいしてファーウェイの広報担当者は、「ファーウェイのビジネス行動規範は、当社の顧客やエンドユーザーのデータやプライバシーを侵害する活動、または法に触れる活動を社員が行うことを禁じている」（*WSJ*,August,15,2019）という。ファーウェイのビジネス行動規範を順守する企業倫理が問われている。

しかしながら、こうしたファーウェイの社会的な課題は、デジタルな先進国市場を支配するＧＡＦＡの課題でもある。デジタルな先進国市場で「ターゲティング広告」を収益源とするグーグルとフェイスブック、アマゾン3社は、個人情報を収集する。デジタル広告業からの収入が、売上高の8割から9割を占めるグーグルとフェイスブックは、収集する個人情報の量が、「ターゲティング広告」の質を左右するからである。

しかし、ＧＡＦＡもまた、個人のプライバシーの保護や人権侵害の観点から個人情報の収集と方法の是非が問われている。ＥＵは、一般データ保護規則（ＣＤＰＲ）に基づき個人情報保護の観点からグーグルに制裁金（５４００億円）を課した。アメリカ住宅当局もまた、フェイスブックをターゲティング広告での差別で提訴している。

このように世界のデジタル市場で台頭する中国のファーウェイとアメリカのＧＡＦＡの技術覇権競争に対して、個人のプライバシーを保護し、人権侵害を防止するための社会的な規制が、ＥＵはじめ世界で議論され、実施されはじめている。世界のデジタル市場で起きている米中の技術覇権競争は、個人のプライバシーを保護し、人権を尊重するという社会的な課題を、かれら米中の多国籍企業に突き付けているのである。

※「はじめに」を作成するにあたって、資料・データは、「日本経済新聞」２０１９年5月14日付から8月21日付までの各号、*Wall Street Journal,* August.15,2019に依拠した。

多国籍企業・グローバル企業と日本経済＊目　次

執筆者紹介（掲載順）

夏目啓二（なつめ・けいじ）愛知東邦大学教授
小栗崇資（おぐり・たかし）駒澤大学教授
小阪隆秀（こさか・たかひで）日本大学元教授
田村八十一（たむら・やそかず）日本大学教授
桜井　徹（さくらい・とおる）国士舘大学教授
中野瑞彦（なかの・みつひこ）桃山学院大学教授
細川　孝（ほそかわ・たかし）龍谷大学教授
小信田八郎（こしのだ・はちろう）流通研究者
佐々木保幸（ささき・やすゆき）関西大学教授
筒井晴彦（つつい・はるひこ）労働者教育協会理事

第Ⅰ部　多国籍企業の展開をどう見るか

報告1　多国籍企業の変化の特徴について

小栗崇資

（1）六つの特徴

2012年に雑誌『経済』6月号の座談会に参加して多国籍企業について論議をしたわけですが、前回の出席者では私だけが今回の座談会に加わることになりましたので、論点の継承という意味で、前回以降の8年間の変化についてまずお話ししたいと思います。

前回は多国籍企業の動向について、次の6点を指摘しました。①大企業だけでなく中堅企業まで多国籍企業化に向かっていること、②製造分野にとどまらず流通、サービス、金融などすべての産業を包括するようになっていること、③ファンドなど多国籍金融の活動が大きな問題になっていること、④世界的なネットワーク化と世界的なバリュー・チェーン化の進展、⑤国家を離れた企業による世界経済支配、⑥グローバリゼーションを推進しているのが多国籍企業であることが明白になってきたこと、の6点です。

こうした特徴はさらに強まっていると思われますが、その後さらに多国籍企業に大きな変化が生じています。そうした、動向をふまえてあらためて多国籍企業とは何かについて検討する必要があるのではないかと考えています。

（2）多国籍企業の変化とその現状

この間の多国籍企業の動向と変化を見るうえで、国連ＵＮＣＴＡＤ（国連貿易開発会議）の「世界投資報告」（World Investment Report、以下ＷＩＲ）を振りかえることが重要です。各年版のＷＩＲによれば、21世紀に入ってからの多国籍企業は、次のような特徴的な変化をたどってきたことが示されています。

２００４年版では、サービス産業（電気・水、建設、流通、輸送など）への投資が増大したこと。

２００８年版では、インフラ事業への投資が進み、被投資国の生活基盤への影響が強まったこと。

２００９年版では、農業への投資が増大し、生産から加工、流通までの展開が進んだこと。

２０１１年版では、非出資型の多国籍企業が増大し、製造業での委託化・ネットワーク化が進んだこと。

２０１３年版では、グローバル・バリュー・チェーンの形成が企業連携の中心となったこと。

２０１６年版では、株式所有による支配が複雑化し、国籍が不透明となったこと。

２０１７年版では、デジタル・エコノミー化が進み、ＩＣＴ（情報通信技術）企業の急激な拡大が見られること。

２０１８年版では、新産業革命（ＡＩ〔人工知能〕、ビッグデータ、ＩoＴ〔モノのインターネット〕によるビジネス）が展開しつつあること。

ＷＩＲで指摘されたこうした変化の特徴は、次のような点にあると思われます。

第一に、産業と生活のあらゆる面での多国籍企業の関与と支配が強まってきたことです。製品だけでなく、金融、サービス、インフラ、農業などの全面的な生活基盤への著しい多国籍企業の進出が見られるようになりました。例えば、日本でも、水道事業の民営化が容認され、すでにフランスの多国籍企業ヴェオリア社などの日本進出が始まっています。飲む水を多国籍企業が作るという状況が起きてきているわけです。生活のすみずみまで多国籍化が進んでいるといっても過言ではありません。

第二に、株式による所有方式から経営資源による支配方式へと多国籍企業の統治・経営構造が変容しつつあることです。株式にもとづく所有ではなく、非出資型、グローバル・バリュー・チェーン、インターネット・ベースと呼ばれるような、独占的な経営資源（ノウハウ、ソフトウェア等）のパワーによる支配が多国籍企業の構造の中心となってきています。

第三に、デジタル・エコノミーの進展の中で、ビジネスの主役が、製造中心から情報中心へ大きくとシフトしてきたことです。デジタル情報にもとづく産業全体（生産・流通・サービス）のドラスチックな再編とＩＣＴ化・ＡＩ化が進行してきており、特に、プラットフォーマーと呼ばれるＧＡＦＡ（グーグル、アップル、フェイスブック、アマゾン）などのＩＣＴ多国籍企業が経済を支配するようになってきています。

第四に、所有国籍の不透明化の一方で、依然として株式所有が支配の基盤となっていることです。所有の不透明化は、タックス・ヘイブン（租税回避地）の利用と関連して多国籍企業の富を隠蔽化する形となっています。例えば日本の企業だったはずが、最終所有者はアメリカだったり、シンガポールだったり、中国だったりすることが見えないところで進んでいます。

第五に、中国や途上国の国有的な多国籍企業が増大していることです。雑誌『フォーブス』が毎年発表する世界の大企業ランキングでは、２０１８年のトップ10位の大企業はアメリカ5社、中国5社と米中が半々となってきています。国家資本主義的な形態のもとでの多国籍企業が、中国を筆頭とする国々を中心に今後大きく力を増していくことになると思われます。

第六に、ＩＣＴ多国籍企業の収益構造がグローバルな資金フローの構造を変えつつあることです。ＷＩＲによれば、巨大企業上位１００社の資産に占めるキャッシュ比率は、平均が12％であるのに対して、ＩＣＴ企業は28％と非常に高い比率となっています。また海外売上／海外資産比率は、平均が１・０倍であるのに対してＩＣＴ企業は１・８倍となっています。つまり海外での資産（子会社、支店）が少ないにもかかわらず、多くの海外売上を上げ、そこから多額のキャッシュを稼得していることが示されています。しかし、ＩＣＴ企業は保有する多額のキャッシュを有形固定資産に投資するのではなく、その多くが金融資産やＭ＆Ａ（合併・買収）に投資され、かつかなりの部分がタックス・ヘイブンに留保されていると思われます。

（３）多国籍企業の変化をどう見るか

こうした多国籍企業の変化をどう見るかは、現代資本主義をどう考えるかにも関連した重要な問題となっています。

従来の多国籍企業の定義（ＵＮＣＴＡＤ）は、「資産を2ないしそれ以上の国において統括する企業で、２ヵ国以上に拠点を有する企業」となっていますが、これは資産ベースの定義で、海外子会社を領土拡張のように展開していく企業が想定されています。しかしこの定義では、変化しつつある現代の多国籍企業を十分にはとらえることができないのではないか。検討すべきは次のような論点であると考えます。

①所有から支配への変化について

従来のような所有（出資）ではなく、独占的な経営資源（ノウハウ、ソフトウェア等）による支配が製造業、非製造業を問わず今日の多国籍企業の中心的な統治様式となりつつありますが、それをどう見るかという点です。高付加価値を生む経営資源を握る多国籍企業が、支配的ネットワーク形成の中心となり、世界の生産と流通・サービスのあり方を左右するようになってきています。しかしその一方で、支配の基盤としての所有の重要性も依然として存在していることも見落とせません。株式の取得により、所有面で多国籍企業化を進めるクロスボーダーなM&Aもこの間、増大しています。支配と所有の両方を相乗的に駆使する多国籍企業の全体的構造の解明が必要ではないでしょうか。

②「見えない資産」による支配について

支配方式を支える経営資源の中心は「見えない資産」にあります。ICT企業・プラットフォーマー企業においては「見えない資産」が増大しており、その力が支配の源泉となっています。「見えない資産」とは、ノウハウ、ブランド、ソフトウェアなど「のれん」も含めた無形資産をいいますが、それらには財務諸表に計上されるものと、そこには載らない非計上のものがあります。独占的な特別剰余価値の源泉ともいうべき「見えない資産」について、どう考えるべきかが重要な論点です。財務諸表に計上される無形資産が総資産に占める比率において、ICT企業の多いアメリカでは、日本の6・4%に対して26・0%の高い比率となっています。さらに大きな力をもつのが企業秘密ともいうべき非計上の無形資産です。UNCTADの推計によれば、非計上の無形資産は、上位100社平均が総資産の30%相当であるのに対し、ICT企業は91%にも上るとされています。ICT企業は総資産の9割に匹敵する隠れた無形資産をもつことによって大きな支配力をもっていると考えられます。

他方で、そうした支配力は社会にも大きな影響を及ぼします。ICT企業の保有する個人情報やビッグデータは使い方を間違えれば大きな破壊力となりかねません。国家権力と結合・癒着した場合には、監視社会化の危険性も指摘されており、「見えない資産」についてその管理のあり方が問題になっています。

③非金融企業の金融化について

金融業には属さない多国籍企業（非金融企業）における資金蓄積（内部留保）と金融投資が増大し、特にIC

T企業への資金集中が進んでいることに示されるように、金融的活動の比重が高まっています。コスタス・ラパヴィツァスは『金融化資本主義』（日本経済評論社、2018年）という本の中で「大多国籍企業は、その投資の大部分を銀行に依存することなしに、ほとんどを内部留保により行うことが可能」になっており、「独立した金融業務および取引でのスキルを開発」してきていると述べています。そうした多国籍企業の活動における金融化が、金融資本主義化を加速させる元凶の一つとなっていると見なければなりません。金融化はデジタル・エコノミー化と一体的に進んでおり、現代資本主義の新たな局面を形成しつつあると思われます。

（4）変化しつつある内容を理論的・実証的に

こうした点を考えますと、多国籍企業という用語はUNCTAD等で現在も使われていますが、その意味する内容については大きく変化しているといわざるをえません。

グローバリゼーションの深化の中で、今日では製造・流通・サービス・金融におけるすべての企業が、大小を問わず、一国の枠を超えて多国籍化する可能性をもっているのではないでしょうか。私としては、企業が多国籍化する一般的傾向にあることをふまえて、中核となる多国籍企業をより限定した形で論じる必要があると思っています。

試論的ですが、定義するとすれば、「世界（グローバル）市場を対象に資本の活動と蓄積を世界的（グローバル）に行い、世界（グローバル）資本主義を発展させ、資本の世界的（グローバル）なシステムの形成に向かう世界的（グローバル）巨大企業」ということになるのではないか。

つまり、多国籍的な支配の面をもちつつ、世界市場をまるごと支配するような巨大企業が今日の多国籍企業だと思われます。資本は本質的に多国籍的、世界的であり、そうした資本が顕現したのが現代の巨大企業ではないか。そうした意味での世界的な段階について、理論的にはすでにマルクスによって先駆的に示唆されていると考えます。

マルクスは『資本論』の中で、「資本主義的生産様式は、物質的生産力を発展させて、これに対応する世界市場をつくりだすための歴史的手段である」（『資本論』大月書店版、第3部、314ページ〔新日本新書版⑨426ページ〕）として、資本主義が世界化する必然性を述べています。また「世界市場の網の中への世界各国民の組み入れが発展し、したがってまた資本主義体制の国際的性格が発展する。この転化過程の一切の利益を横領し独占する大資本家の数が絶えず減ってゆくのにつれて、貧困、抑圧、隷属、堕落、搾取はますます増大してゆく」（『資本論』大月書店版、第1部、995ページ〔新日本新書版④1306ページ〕）とも述べ、世界化がもたらす構造を論じています。

現代的に言い換えれば、資本主義のグローバルなネットワーク（網）の形成によって、少数の独占企業（大資本家）が支配するようになり、世界的に抑圧や格差を拡大していくということではないでしょうか。マルクスの指摘は的を射ており、多国籍企業が世界市場を支配する今日の状況を彷彿とさせるような論述となっています。

われわれとしては、歴史的に形成された多国籍企業やグローバル企業という用語を基本的に使いつつ、その大きく変化しつつある内容を理論的にも実証的にも把握していくことが必要だと思います。

資本主義のより進化した段階（デジタル資本主義、金融資本主義）が多国籍企業によって生みだされていますが、その中で生産の社会化・労働の社会化が、情報技術等を媒介に新たな形態で、世界大（グローバル）に進展しているという面についても理論的に検討していく必要があると思います。マルクスは世界市場の発展の先に未来社会を想定していたわけですので、多国籍企業がそうした条件を物質的に生み出している側面も見ていかなければなりません。それはもちろん資本自らが望むわけではなく、資本の暴走に対抗する運動の中から生まれます。つまり多国籍企業をどう規制するかという点にかかっています。そうした資本の支配に対抗して、世界的

（グローバル）な資本に対する様々な規制（金融規制、労働規制、情報規制、環境規制、課税）をどう行うかが、一国的にも世界的にも非常に重要となってきています。多国籍企業を論じることを通じて、資本主義がどの段階・局面に至っているかという理論問題を併せて考えることがわれわれに求められているのではないでしょうか。

報告2　デジタル多国籍企業の経済的覇権

夏目啓二

(1) デジタル・エコノミーと米中の多国籍企業

今日の多国籍企業の基本的な動向をどのように把握したらよいのでしょうか。国連のＵＮＣＴＡＤが毎年、発表する「世界投資報告書」で考えましょう。これを見ると、次のことが指摘できます。今日、世界の経済は、デジタル・エコノミーに向かっていること、世界の資本主義はデジタル・エコノミーに転換しているということです。デジタル・エコノミーが、世界の多国籍企業の特徴の一つです。

今日の多国籍企業のもう一つの基本的な特徴は、新興国という経済地域の発展と結びついています。これまでのイメージでいうと、「多国籍企業」というと、先進国をイメージして、「先進国の多国籍企業」というようなとらえ方があったと思います。もちろん、いまでもそういう側面はあります。しかし、21世紀の多国籍企業というのは、「先進国の多国籍企業」だけでしょうか。

21世紀になると流れが大きく変わりました。世界の多国籍企業の海外進出先は、先進国地域向けだけではなく、いわゆる新興国といわれる地域、発展途上国といわれる地域に向かっていきました。２０００年代になると、先進国に向かっていた多国籍企業の投資先が新興国にも向かっていきました。その流れは、２０１０年代に加速し、２０１５年には、逆転したこともありました。では、どの国の多国籍企業が海外投資をしているのでしょうか。

その多くは、先進国の多国籍企業なのですが、同時に、新興国の多国籍企業が新たに登場してきました。なかでも中国の多国籍企業が、目覚ましく台頭してきたのです。新興国発の多国籍企業という場合、台湾、韓国、インドやマレーシアといった国や地域の多国籍企業もありますが、中心は中国の多国籍企業です。

こうしてみると、今日、世界の多国籍企業は、二つの大きな特徴があることがわかります。一つは、デジタル・エコノミーのなかで多国籍企業が活動をしていることです。もう一つは、世界の中で新興国、とくに中国の多国籍企業の活動が存在感を増していることです。

この二つをキーワードとしてとらえると、今日、米中間のハイテク貿易と投資摩擦が激しい状況にある事態も理解できます。アメリカのトランプ政権は、中国のハイテク製品については、安全保障を理由にして、製品やサービスの輸入禁止措置をはじめ、米国への中国の直接投資を拒否し、技術流出に対する禁止措置をとっています。とくに、中国のファーウェイの次世代通信技術５Ｇをアメリカ市場から締め出すだけでなく、安全保障上の理由から日、英、豪、加、独など同盟国に対しても不使用を呼び掛けています。しかし、これは今のところ成功していません。米中デジタル多国籍企業の技術的覇権争いです。これは先ほどの二つの動向が結びついた象徴的な事件です。それは「新たな経済的冷戦」ともいわれていますが、世界と日本経済に影響を及ぼします。

（２）米国のデジタル経済とＧＡＦＡ、ＦＡＮＧ、ＭＡＮＴ

それでは、21世紀のデジタル革命を主導し、世界のデジタル経済を支配しているのは誰かということですが、それはＧＡＦＡ（Google・Amazon・Facebook・Apple の４社）、ＦＡＮＧ（Facebook・Amazon・Netfrix・Google）、

MANT（Microsoft・Apple・Nvidia・Tesra）と呼ばれる米国の多国籍企業です。デジタル技術を駆使した新しい資本です。

21世紀の世界経済は、デジタル革命の只中にあります。デジタル革命を代表するのは、クラウド技術、ビッグデータ、AI（人工知能）、IoT（インターネット・オブ・シングス）などのデジタル技術と企業の発展が著しいということです。このデジタル技術の革新（イノベーション）は、情報通信技術を中心に起こりながらも、自動車の自動運転技術にみられるような自動車産業をはじめとした製造業全体が影響をうけています。

医療・医薬品産業も、流通業もデジタル技術が浸透しています。証券・金融・保険業もブロックチェーン技術などの開発によって、アメリカの金融支配、ドル支配が揺らぐ可能性が指摘されています。そして、サービス業、農業などほとんどすべての産業にデジタル技術の革新が及んでいます。しかもそれがグローバルなレベルで起こっています。アメリカだけでなく、ヨーロッパでも、中国でも起こっています。とくに、中国ではアメリカに次ぐ大きな変化が起きています。

米国が主導しているデジタル革命のなかで、「ニュー・モノポリー」と呼ばれる新たな独占が生まれています。これは、先に述べましたIT企業のビッグ5（GAFA＋マイクロソフト）が利用者のデータを独占し、世界の投資マネーや人材も独り占めしています。2017年にはこの5社合計の株式時価総額が世界第5位の英国の国内総生産（GDP）を超えました。

この「ニュー・モノポリー」は、プラットフォームを活用した現代的なデータ独占です。かれらは、プラットフォーマーとも呼ばれています。プラットフォーマーは、スマートフォンの開発と販売をはじめ、検索サイトや交流サイト（SNS）、ネット通販などインターネット上の事業を通じて世界中の顧客のデータを蓄積します。そしてプラットフォーマーは、この顧客データを基に新たな製品やサービスを開発し、顧客を囲い込んで成長し、巨大化する独占です。このため、プラットフォーマーは、既存の産業に大きな影響を与え、産業構造や雇用構造、地域構造の再編成をもたらしています。これは、アマゾン・エフェクト（アマゾンの影響）と呼ばれ、中小企業や社会から警戒されています。このように、「ニュー・モノポリー」によるデジタル経済支配は、プラットフォームを活用したデータ独占なのです。

かれらのデジタル経済支配の結果、世界の経済的価値や富は、米国を中心としたデジタル多国籍企業や資産家に集中しています。そして、世界の投資家は投資先として、経済的価値を生み出すデジタル多国籍企業に対して資金供給をしています。今日の世界の投資家は、インデックス・ファンドといわれる米国の投資ファンド、バンガードやブラックロックなどです。

アップル、グーグル、フェイスブックの筆頭株主は、いずれも米資産運用大手バンガード・グループです。これにブラックロック、ステート・ストリートを加えた3社が、世界の投資家＝株主になっています。3社合計で990兆円に迫り、ＧＡＦＡへの投資は500兆円です。

反面、アメリカをはじめとした先進国、また中国をはじめとした新興国や発展途上国で、働いて暮らす人々との間の所得格差が拡がっています。資産格差と人々の所得格差は著しく拡大しています。米中はじめ世界の各国政府の金融・財政政策は、この格差を縮小させるどころかむしろ拡大させています。金融危機が発生し、世界各国で金融政策がとられ、その後多国籍企業の利益は回復し、世界経済は一定の回復がなされましたが、しかし富裕層と働く人々との格差は拡大しました。

（3）中国のデジタル経済の発展とＢＡＴＨ

しかしながら、同時に、このデジタル経済支配は、新興国の中国においても国家の支援をうけながら進行しているのです。新興国・中国のデジタル多国籍企業が台頭してきています。中国においてもＢＡＴＨ（Baidu〔バイドゥ（サーチエンジン運営）〕、Alibaba〔アリババ（ネットショップ運営）〕、Tencent〔テンセント（アプリ開発）〕）と呼ばれるデジタル多国籍企業やＨＵＡＷＥＩ〔ファーウェイ〕の台頭が著しいのです。かれらが米中貿易摩擦の焦点になっています。

ファーウェイ（華為技術）は、２０１７年の年間売上高９２５億ドルの巨大企業であり、アメリカのマイクロソフト、グーグルとほぼ同じ売上高規模です。ファーウェイは、世界で18万人の従業員を雇用しています。中国のアリババ集団のほぼ4倍です。年間１５０億ドルの研究開発費で技術開発をしています。５Ｇの心臓部分に相当する半導体技術は、ファーウェイの子会社、Hisilicon により開発されているといわれています（CHENG TING-FANG and LAULY LI〔2018〕）。

トランプ政権が最も警戒していることは、中国のファーウェイが、次世代通信技術のプラットフォーム、５Ｇの開発と導入で世界を支配する可能性があることです。５Ｇの通信規格は、４Ｇの１００倍の通信速度がある次世代の通信プラットフォームです。まさに、通信機器大手のファーウェイや中興通訊（ＺＴＥ）などの中国企業が、次世代通信規格５Ｇ技術の普及で世界的な影響力を及ぼしているのです。

ファーウェイは既に世界66ヵ国１５０社以上と実証実験を進め、２０１９年には5G対応のスマートフォン（スマホ）を発売し始めています。２０１８年度には、ファーウェイは、世界のスマホ販売では、世界第1位の韓国のサムスンに次いで、米国のアップルを抜いて世界第2位になったのです。スマホは、インターネットへの入り口という意味で、情報通信技術のプラットフォームです。

中国のプラットフォーマー（ＢＡＴＨ）は、ネット通販、ＩＴサービス、自動運転技術、医療技術など、様々な事業領域のＡＩ開発とＩｏＴ投資を行い、事業遂行能力（＝競争力）に役立てています。彼らの蓄積するデータ（顧客情報）の質と量が、ＡＩ、ＩｏＴの質とレベルを決め、プラットフォーマーの事業遂行能力（使いやすいサービス、便利なサービス）を高めます。顧客は、この使いやすいサービス、便利なサービスに引き寄せられ囲い込まれます。ＡＩ開発には、顧客データの蓄積が重要です。プラットフォーマーは、顧客データの収集と蓄積に奔走します。しかも、その活動はグローバルです。ファーウェイは、５Ｇとスマホ支配により、世界規模でネットの入り口＝プラットフォームを支配するのです。

これに対して、警戒感を強める米国は、英、豪、加、独、日の同盟国に中国・ファーウェイの５Ｇの不使用を求めて、対抗しています。ただ、２０１９年の3月時点では、中国・ファーウェイは5Ｇに優位な通信規格と低価格品を武器に覇権争いで優位に立っているだけでなく、英国やドイツは、必ずしも中国・通信技術５Ｇの不使用でアメリカと同一歩調をとっていません。

（４）デジタル経済における米中対立をどうみるか

そうしたなかで、米中対立をどうみたらよいのかということです。今日、米中をはじめとしたデジタル多国籍企業の経済的、技術的覇権争いが拡大しています。米国は、21世紀の初め、中国デジタル多国籍企業には競争と協調の関係を維持してきました。が、一昨年あたりから対立的な関係になってきました。じつは、この対立関係はオバマ政権の時から、中国デジタル多国籍企業の動きに対して安全保障上の観点からアメリカへの投資を規制すべきという考え方がありました。それを実行に移したのがトランプ政権です。

中国のデジタルな経済的・技術的発展は、アメリカをはじめ先進国との競争と協調の関係がなければここまで来られなかったというのが実際です。しかし、今日、デジタル経済で米中は対立的な関係になっています。中国のデジタル多国籍企業の実力（＝国際競争力）が、米中の対立的な関係にまで到達しているのです。米中対立は、

「新たな経済冷戦」の可能性が指摘されますが、世界経済にとっても有益ではありません。

この背景には、2015年、中国の習近平政権が、『中国製造2025』を発表し、中国の製造強国の路線を強力に推進し、支援してきたことがあります。また、同政権は、これに先立って、2013年には、「一帯一路」政策を推進し、ヨーロッパと中央アジア、アフリカを鉄道と海上輸送により連結し、広域経済圏を形成していたことも背景にあります。

米中のハイテク貿易摩擦は、世界と日本の経済に影響を与えています。中国に製造拠点をもっている鴻海はベトナムやインドなどに移すという方向を打ち出しています。ファーウェイは、部品の生産能力は中国本土に残すと伝えられていますが、日本経済への影響も出ています。部品供給のサプライヤーとして日本企業は役割を果たしていますが、直接影響が及んでいます。中国に部品供給している日本企業は、3月の業績見通しの下方修正を余儀なくしています。

(5) 民主的な規制が求められている

米中のデジタル経済化とデジタル貿易摩擦に対して、日本の国民生活を豊かにするという視点に立った民主的な規制がグローバルな視点から求められています。

一つは、デジタル経済における経済格差を生み出している、米国のプラットフォーマーに対する社会的規制を考える必要があります。具体的には、各国の独占禁止法の適用と運用を実施することが考えられます。二つは、デジタル経済におけるデータ独占を、製品やサービスの独占とは異なる、新しい独占（ニュー・モノポリー）として独占禁止法の新たな適用と運用を検討することが求められると思います。その際、グーグルやフェイスブックの顧客情報のデータ独占にみられるように、個人情報の保護と個人の情報主権や人権という視点からの検討が求められます。データ独占に対する規制は新しい規制です。三つは、グローバルなデジタル経済のもとで、デジタル多国籍企業にたいする課税は困難になっています。従来の課税システムでは、進出する多国籍企業の物的な拠点や施設を根拠に課税ができましたが、デジタル多国籍企業には有形固定資産が少ないので困難です。デジタル課税は喫緊の課題になっています。四つは、そのことに関連しますが、デジタル多国籍企業のタックス・ヘイブンの利用に対する規制が課題となっていると思います。

報告3　自動車産業に見る国際競争の展開

小阪隆秀

（1）「企業」の国際化を歴史的にとらえると

私は、「多国籍企業」「グローバル企業」の「企業」ということに焦点を絞って考えてみたいと思います。歴史的に考えると、企業が他の国と関係をもつという場合、それぞれの国で生産性の高い製品と別の国では別の生産性の高い製品を売買（交易）することではじまり、それはリカードの「比較生産費説」で説明できました。企業はそれぞれの国の利益に一致しているという意味でのドメスティック企業（国内企業）です。

次に、資本と技術の集積化によって、工業化とイノベーション（技術革新）が先進国中心のサイクルを形成し、先進国と発展途上国という分断された二つの経済圏が生まれてきました。先進国には資本集約型産業が集積・集中し、発展途上国には労働集約型産業が形成されていくようになっていきます。また、先進国の企業は、国内の市場を超えて途上国の市場に進出していきました。最初は製品を輸出するというかたちでしたが、そのうち販売と生産拠点を拡大し、先進国の企業はいくつかの国に拠点を設け、多国籍（マルチ・ドメスティック）企業として発展していきました。

そして今日では「グローバル企業」ということでいえば、１９９０年代から急速かつ飛躍的発展をとげたデジタル化、ＩＣＴ（情報通信技術）革命が先進国の企業の組織に組みこまれていくことにともない、バリューチェーン（業務の流れを企画・開発・設計・製造・販売・アフターサービスなどの機能単位に分割して効率化や競争力強化を目指す経営手法）のそれぞれの機能の分離が容易になり、製造工程部分を新興国に移転（オフショアリング）していきました。バリューチェーンの「アンバンドリング」といわれています。先進国の企業が低賃金をめざして有利な地域に進出していき、先進国の知識と発展途上国の低賃金労働が結びつくようにバリューチェーンの中に組み込んで企業競争力を高めていきました。ただし、バリューチェーンを効率的に管理できる特定の地域への進出であり、そのような地域の国が新興国として台頭してきます。人の移動は簡単にできないので、それを考慮に入れたコストのかからない地域です。日本の場合、最初は韓国や台湾、それからＡＳＥＡＮ、中国、ベトナムへと拡大してきています。アメリカの場合は、ヨーロッパ諸国やメキシコ、そして東アジア諸国などに進出しています。

先進国が出ていった地域は新興国として力をつけていきますが、最初は限定された製造能力しかありませんでした。しかし、徐々に発展途上国でも先進国の製造する部品を造れるようになり、先進国の企業よりも競争上有利に立つような関係も生まれてきました。たとえば、エレクトロニクス産業においてＥＭＳやＯＤＭ、ファウンドリーといわれる企業などです。そういう意味で、いまの新興国の急速な工業化というのは、先進国（とりわけＧ７）がたどった工業化の道とは異なる発展のプロセスを形成しています。先進国では、国内にノウハウを蓄積して、国内のバリューチェーンを効率化して、競争力を高めていきましたが、新興国の場合はそれとは違った経路をたどって発展をはじめました。

新興国は、先進国のバリューチェーンに加わることで、あるいはその一部を分担すること（ＥＭＳ企業のように）大きな影響力をもち、その過程で知識を獲得しながら競争力を持つようになり、いまでは中国にみられるように、GDP等においてアメリカと対抗できるような力をもつようになったのです。資金があるということは、日本やアメリカ、ヨーロッパの企業を買収することも可能ですし、必要な技術や知識を吸収するということも容易になります。

こういう形で「多国籍企業」から「グローバル企業」へと進んできたのではないかと思います。そうなると、国を超えてバリューチェーンが展開しているので、課税が困難になってきました。ケイマン諸島のような非課税地域にペーパーカンパニーを置いて税金のかからない道を探る企業も増えていきました。

また、バリューチェーン同士が競争しあう関係にありますので、グローバル企業の競争力をみるには、バリューチェーンがどうなっているかを比較検討する必要があります。そういう意味でも今日のデジタル化技術は重要な要素であり、デジタル化を媒介にして企業を分析していく必要があります。

その代表的なものが「GAFA」と呼ばれるプラットフォーム企業ですが、アップルやグーグルにしても、それぞれの企業はそれぞれ異なるビジネスモデルをもっています。それゆえ、利益をどこからもってくるかという分析も必要です。どちらかといえばアップルは垂直統合的で、グーグルは水平分業的に、競争優位を形成しています。企業間の結びつきとして、ベンチャー企業の中でゲノムベンチャーと製薬企業との結びつきがどうなっているかとか、アマゾンのような、製品の提供者と顧客を結びつける二面市場モデル（自社が開発・設計したシステムをプラットフォームとし、その上で需要サイドと供給サイドを結びつけるというビジネスモデル）など、企業ごとに違っています。

（2）クルマの製造における革新と新たな価値の「創造」

デジタル化のもとで自動車産業における競争状況はどうなっているのか。自動車生産におけるバリューチェーンも基本的には、企画・開発→設計→試作→生産準備→調達→製造→販売・マーケティング→アフターサービス、ということになります。価値の創造ということで考えると、トヨタ生産方式（Toyota Production System：TPS）とトヨタ製品開発方式（Toyota Product Development：TPD）という二つの構成要素からなり、これまで大変強い製造企業として発展・普及してきました(*)。

（＊）TPS＝調達と製造の機能を中心に製造過程における効率向上を追求（いわゆるトヨタ生産方式）。TPD＝開発と設計の機能を中心にして販売・マーケティングやアフターサービスの機能部門からの情報をフィードバックしながら新製品開発を進めていく方式のこと。

ただしこのTPS方式は、他の自動車企業にも吸収され普及していくことで、格差をつくり出すという競争優位の形成にはあまり期待できなくなりました。それでもトヨタは、この方式の先駆者であり、このTPSから今も高い利益を稼ぎ出しています。しかし、自動車の競争はすでに製品開発（TPD）にシフトしています。この面で競争優位に立たないと自動車は売れません。今日では企業にとって付加価値の圧倒的部分は、製造部面ではなく、開発部面で生み出されています。バリューチェーンでいうと、企画・開発・設計（上流）、製造（中流）、そして販売・マーケティング・アフターサービス（下流）として、人間が笑う（スマイルする）ときに口の両端（上流と下流）が上がる（利益率が上昇する・利益率が高い）という、いわゆる「スマイルカーブ」の両端のところに競争優位形成の重点が置かれているということです。

新しい形での利益獲得についていうと、トヨタの場合、TNGA（Toyota New Global Architecture）による製品アーキテクチャーの革新が利益の増大をもたらしています。このTNGAの導入で相当利益があがったと言われています。TNGAの中身は、新しい設計と製造の仕組みとして、エンジンやトランスミッションを組み込んだパワートレーンとシャーシーの一体開発という形で、これを車種間で共通化します。そして、これまでのいろいろな部品はユニット（幾つかの部品の構成体）化しコンポーネント（部品の集合体で一定の完結性を持つ構成体）化することで、それらのコンポーネントを玩具のレゴのように新しく開発されたシャーシーに組み付けていきます。トヨタはこれを「賢い共通化」と呼んでいますが、外観と内装でモデルを差別化するという「製品アーキテクチャーの革新」を実現しています。(*)

（*）製品の構成要素間の機能的・構造的な関係についての設計思想。

フォルクスワーゲンにしろ、トヨタにしろ、年間１０００万台規模の生産販売となると、規模の経済もさることながら、多様性をもたないと売れません。あらゆる国・地域の法規制や多様な消費者ニーズに対応するような形で取り組む必要があります。従来通りの多品種化対応だとコストばかり増えてしまいますので、その部分を削る必要があり、ＴＮＧＡが生みだされたわけです。

（３）ＥＶ化と通信ネットワークへの接続をめぐる競争

次に、自動車におけるＥＶ（電気自動車）化の問題です。この背景にもデジタル化がありますが、外からの環境規制によるＥＶを軸とするエコカー開発競争が大きな要因です。いま環境破壊はギリギリのところまできています。これは差し迫った問題で、そのためにCO_2を排出するガソリンエンジンに代替するものとしてＥＶ化が求められているということです。具体的な環境規制としては、米国カリフォルニア州の「排ガスゼロ車（ＺＥＶ：Zero Emission Vehicle）規制」が２０１８年から実施されています。「ＺＥＶ」として、ＰＨＶ（プラグインハイブリッド車）、ＥＶ、ＦＣＶ（燃料電池車）しか認められていません。ＨＶ（ハイブリッド車）は除外されています。

中国でも、「新エネルギー車（ＮＥＶ）規制」（２０１９年）に基づきエコカーの生産と販売をすでに決めています。ここでもハイブリッド車（ＨＶ）は入っていません。中国の２０１８年の自動車販売台数は、28年ぶりに減少したと報道されていますが、ＥＶ車の販売は増えています。

ヨーロッパでは、英仏の政府によるディーゼルやガソリンエンジン車の２０４０年以降の新車販売の禁止方針が打ち出されました。そこでもハイブリッド車が除外されています。したがって、どうしても、ＥＶに移っていかざるをえません。

また他方で、ＥＶというのは通信ネットワークへの接続性が高く、それをめぐる競争が激しくなっています。それを踏まえて、グーグルやアップルなど通信産業大手が参入してきています。しかし、彼らは自動車を作ろうというのではなく、自動車を使って何かをしようと考えています。ライドシェアリングやカーシェアリングを活用する新しい生活空間、ＭａａＳ（さまざまな交通手段をシームレスにつないで一つのサービスとして利用者に提供）を活用する新都市交通システムの中で自動車を位置づけるというのです。

ネットワークシステムがつくり上げられると、自動車企業はもう手も足も出ないことになりかねない。世界の自動車ブランドはどこも、いま遅れを取りもどそうと必死です。トヨタは２０１８年に、「もう自動車を作る製造業ではない」「移動サービス業」だと、ドメイン（事業・競争領域）の転換を宣言しています。従来型の設備投資を減らして、モビリティ分野の研究開発費を大幅に増やしているのです。そのためにはトヨタ生産システム（ＴＰＳ）による効率化だけではかなり厳しい。コスト削減を相当すすめないといけない。諸経費を減らすという点では労務費を減らして、研究開発費にあてていく。それは新しい「移動サービス業」として、新しいビジネスモデルとしての展開です。

トヨタは、これまでのＨＶ（ハイブリッド車）やＰＨＶ（プラグインハイブリッド車）、それにＦＣＶ（燃料電池車）の開発に加えて、２０３０年までには50％はＥＶ化する方向を打ち出しています。トヨタはその中にハイブリッド車を含めていますが、世界市場での環境車の主力はＰＨＶ、ＥＶ、そしてＦＣＶです。しかし、ＦＣＶの市場化・実用化の目途はかなり厳しい状況にあります。いずれにしても、世界の潮流からしてＥＶ化の道を選択するしかないわけです。それを実行していくために、２０１７年9月に、マツダ、デンソー、トヨタ自動車３社は、ＥＶの基本構想に関する契約を締結し、３社による共同技術開発を進める新会社「EV C.A. Spirit 株式会社」の設立を決めました。また、パナソニックとリチウムイオン電池等の研究開発をすすめるための合弁会社を２０２０年までにつくるとしています。

また自動運転についても、ＡＩ（人工知能）の研究開発をするためにアメリカに「トヨタ・リサーチ・インスティテュート」という会社を設立して、事故を起こさないクルマの研究開発をすすめています。また、２０１８年10月には、ソフトバンクと「新しい移動サービス」の構築にむけた提携をして、モネ・テクノロジーズ社を設立すると発表しました。「移動サービス業」という、ビジネス変化が急展開しています。

このように、グローバル経済の下で新たなビジネスモデルを模索して、企業の姿が大きく変化してきています。他方では、ＩＣＴ技術の発展による見えないネットワークが張り巡らされていくことで、各国政府がそうしたグローバル企業をコントロールすることが非常に難しくなってきているわけです。企業の変化に合わせて、国・政府による規制も変化させていかないと対応できないという局面になっていると思います。

報告4　財務データから見た多国籍企業の特徴

田村八十一

（1）多国籍企業・グローバル企業の特徴

最初に、「多国籍企業」・「グローバル企業」の規定を整理したいと思います。歴史的にみると、産業革命以降に第一次のグローバル経済が起きて、そこで今日に通じる多国籍企業が登場しました。その後、第一次大戦や保護貿易主義ないし国家主義的な動きによって多国籍企業の活動が停滞します。第二次世界大戦後、改めて多国籍化の条件ができて、多国籍企業の新しい展開がすすみます。

経営史を研究しているジェフリー・ジョーンズは、「グローバル企業」（global firms）という言葉も使っています。本国も含めた脱国籍化した企業という意味で使われる場合もあるようですが、多国籍企業と同義としても使用されているようです。彼は、ラグマンとドクールズが[1]「北米、ヨーロッパ、日本の三極のうち、それぞれの極で20％以上の売上高を持つが、一つの極の売上高は50％未満だという企業を『グローバル』と定義した[2]」といっています。この場合、当時の「グローバル」企業は、ＩＢＭ、ソニー、インテルのようなコンピュータ、遠距離通信およびハイテク産業、コカコーラなど9社だとしています。この規定は少し狭く、歴史的制約があると思います。今日では、新しく中国やロシア、新興国も考慮すべきでしょう。

新しい変化のなかで「グローバル企業」をとらえると、一つの契機になったのは1989年のベルリンの壁崩壊以降だということができます。ソビエト・東欧諸国の崩壊とともに、中国・新興国においても市場経済化が進展していきます。すなわちアングロアメリカ型の市場が地球規模で拡大していくということを契機に、新しい「グローバル企業」が展開したということです。それと同時に、近年のインターネット、すなわち世界的な情報通信のインフラが普及し、その普及が多国籍企業のグローバルな経営におけるネットワーク化を進展させました。

なお、「国有多国籍企業」という規定があります。すなわち、政府が大株主や出資者である多国籍企業が台頭してきました。とくに、中国、ロシア、ブラジルなどの企業です。中国だと金融やエネルギー関係の巨大企業です。ロシアだと、天然ガスの生産・供給において世界最大の企業であるガスプロムなどです。ブラジルですと、石油会社のペトロブラスなどが該当します。

（2）財務データからGAFAを見ると

私の専門は財務諸表分析ですので、その視点から少し言及したいと思います。**表1**は雑誌『フォーチュン』（Fortune）の〝Global 500〟による収益の順位で見た2018年の世界ランキングトップ10企業です。米国が3社、中国が3社で、そのほか、オランダ、ドイツ、イギリス、日本がそれぞれ1社という状況です。業種別にみると、1位のウォルマート（米国の流通企業）をのぞくと石油エネルギー関係が多く占めていることがわかります。その次が自動車です。但し、かつてはGMやフォードという米国の自動車企業がトップ10に入っていましたが、これらは衰退しています。

次に利益のトップ10を見たものが**表2**です。1位はコンピュータ・オフィス機器のアップル（米国）、2位はブリティシュ・アメリカン・タバコ（イギリスの企業でＭ＆Ａで急に浮上してきた企業）、３位はアップルの大株主であり、ウォーレン・バフェットが率いる金融のバークシャー・ハサウエイ（米国）です。米国が４社、中国が４社です。世界で利益を稼いでいるのは米国と中国だといえます。その他に、英国と韓国が入っていますが、圧倒的に米国と中国です。

もう一つの特徴は、中国の金融の台頭です。５社が金融関係で、そのうち４社が中国系の金融関係です。その他は、インターネットとかデジタル通信に関連した会社です。すなわち、コンピュータ・オフィス機器や電子機器でアップルやサムスンの２社、情報通信でベライゾンやＡＴ＆Ｔの２社です。

次の**表３**は、従業員数のトップ10を見たものです。トップのウォルマートは２３０万人の従業員を抱えています。その他は、石油およびエネルギー関係３社で、中国企業が占め

表1　2018年 世界企業ランキング（収益トップ10企業）

順位	企業名	売上高（100万ドル）	当期純利益（100万ドル）
1	ウォルマート（米国）	500,343	9,862
2	ステート・グリッド（中国）	348,903	9,533
3	シノペック・グループ（中国）	326,953	1,538
4	チャイナ・ナショナル・ペトロリアム（中国）	326,008	−691
5	ロイヤル・ダッチ・シェル（オランダ）	311,870	12,977
6	トヨタ自動車（日本）	265,172	22,510
7	フォルクスワーゲン（独）	260,028	13,107
8	BP（英国）	244,582	3,389
9	エクソンモービル（米国）	244,363	19,710
10	バークシャー・ハサウェイ（米国）	242,137	44,940

（出所）"Global 500"［2018］*Fortune*（http://fortune.com/global500/最終閲覧日2019年1月16日）より作成。

表2　2018年 当期純利益トップ10企業

順位	企業名	Global 500の順位	当期純利益（100万ドル）	ROA（%）
1	アップル（米国）	11	48,351	12.88
2	ブリティシュ・アメリカン・タバコ（英国）	453	48,328	25.34
3	バークシャー・ハサウェイ（米国）	10	44,940	6.40
4	インダストリアル・アンド・コマーシャル・バンク・オブ・チャイナ（中国）	26	42,324	1.06
5	サムスン・エレクトロニックス（韓国）	12	36,575	12.97
6	チャイナ・コンストラクション・バンク（中国）	31	35,845	1.06
7	ベライゾン（米国）	37	30,101	11.71
8	AT&T（米国）	20	29,450	6.63
9	アグリカルチュラル・バンク・オブ・チャイナ（中国）	40	28,550	0.88
10	バンク・オブ・チャイナ（中国）	46	25,509	0.85

（出所）表1に同じ。

表3　2018年 従業員数トップ10企業

順位	企業名	Global 500の順位	従業員数（人）
1	ウォルマート（米国）	1	2,300,000
2	チャイナ・ナショナル・ペトロリアム（中国）	4	1,470,193
3	チャイナ・ポスト・グループ（中国）	113	948,239
4	ステート・グリッド（中国）	2	913,546
5	ホンハイ・プレシジョン・インダストリー（台湾）	24	803,126
6	シノペック・グループ（中国）	3	667,793
7	フォルクスワーゲン（独）	7	642,292
8	コンパス・グループ（英国）	413	588,112
9	U.S. ポスタル・サービス（米国）	123	573,614
10	アマゾン・ドット・コム（米国）	18	566,000

（出所）表1に同じ。

表4　2018年 日本の収益トップ10企業

順位	企業名	Global 500の順位	売上（百万ドル）	利益（百万ドル）
1	トヨタ自動車	6	265,172	22,510
2	本田技研工業	30	138,646	9,561
3	日本郵政	45	116,616	6,741
4	日産自動車	54	107,868	8,211
5	日本電信電話	55	106,500	3,276
6	日立製作所	79	84,559	9,378
7	ソフトバンクグループ	85	82,665	4,430
8	ソニー	97	77,116	3,267
9	JXTGホールディングス	99	76,629	220
10	イオン	103	75,339	2,130

（出所）表1に同じ。

ています。また、郵便が2社入っています。

電子機器製造サービス（ＥＭＳ）で台湾のホンハイ・プレシジョン・インダストリー（以下、ホンハイ）、自動車ではドイツのフォルクスワーゲン、食品サービスで英国のコンパス・グループ、インターネットサービス・小売でアマゾン・ドット・コム（以下、アマゾン）が多くの従業員を雇用しています。これらの企業の本社は、中国4社、米国3社、台湾、独、英それぞれ1社です。

〝Global 500〟の日本企業のトップ10をみたのが**表4**です。トヨタ、ホンダ、日産と自動車企業が並んでいます。次にＮＴＴ、日立、あとは石油精製のＪＸＴＧホールディングス、10位に流通のイオンが入っています。日本のこの傾向は、7位のソフトバンクグループを除くと２０００年代以降ほぼ変わっていません。変わってきたのは世界トップ企業の利益ランキングで、アップルなどの電子機器や通信が目立ってきています。

２０１０年代前後の利益ランキングでは、インダストリアル・アンド・コマーシャル・バンク・オブ・チャイナ（中国工商銀行）、チャイナ・ナショナル・ペトロリアム（中国石油）など、中国の「国有多国籍企業」がベスト10のうち4社、さらにロシアのガスプロム、ブラジルのペトロブラスが入っていて、残りが米国企業でした。その当時は、「国有多国籍企業」対「欧米型多国籍企業」が世界の利益の覇権を争っていました。やがて、ガスプロムやペトロブラスはトップ10から外れて、いま残っているのは中国の金融関係の国有多国籍企業です。

（3）「ROA」、「ROS」から見た特徴

次に、こうした世界のトップ企業の特徴についてみましょう。

表5は、世界トップ10企業の「ROA」を「ROS」と「資産回転率」に分解して見たものです。ROA（総資産利益率：return on assets）とは、投下された総資産に対してどれだけの利益が生み出されたのかを示す、収益性を表す指標です。ROS（売上高利益率：return on sales）とは、売上高に対してどれだけの利幅があるかをパーセンテージで表したものです。ROA、ROSともに、ここでは〝Global 500〟で示された当期純利益を用いています。資産回転率は、1年間に売上高で資産を何回回収できるかをみるものです。利益÷資産＝利益÷売上高×売上高÷資産という関係から、ROSでROAを上昇させているのか、回転率でROAを上昇させているのか、これらの指標を用いて企業のビジネスモデルの特徴を見ることができます。

表5の①は、収益の大きいウォルマートから順に並べたものです。②は利益の順位ごとに並べたもので、アップルが1位です。アップルのROAは12・9％です。アップルの回転率は低く、1年間に0・61回転ですから半分強の回転率です。しかし、ROSが高いので、約13％のROAを達成しています。3位のバークシャー・ハサウェイのROAはアップルの半分の6・4％です。アップルのようなデジタル企業のROAは高い数値になっています。中国の企業が台頭しているという話をしましたが、注目点として、ほとんどの中国企業のROAは低く

なっています。これは中国のトップ企業が金融で回転率が極めて低いことが原因です。中国企業トップのインダストリアル・アンド・コマーシャル・バンク・オブ・チャイナのROAは1・1%です。これに対してアップルと同様にサムソンは13%あります。米国のベライズンも11%を超えています。バンク・オブ・チャイナ（中国銀行）は0・9%です。中国の金融というのは、利益の額ではトップ10に入るのですが、資本の収益性という面では数値は高くありません。中国の金融ほど回転率が低くないとはいえ、欧米型の企業は、やはり回転率が低いので高い利幅率によってROAを高めているということが分かります。

さらに、これらの企業を従業員1人当りの収益と、収益単位（百万ドル）当りの従業員数でみたのが**表5**の②の右側です。前者は、資本の立場からみて従業員1人当りどれくらい稼ぐかという指標です。ある意味で労働の強度を示します。これを見ると、アップルは従業員1人当り約186万ドルです。後者は、企業規模の違いを捨象して収益に対してどれだけ従業員を雇用しているかという雇用の貢献度を見ることができます。アップルは0・54人という数値です。2番目のブリテッシュ・アメリカン・タバコの2・38人と比べても非常に小さい数値です。アップルは、収益に対して雇用数が少ないことを示しています。サムスンは0・17人でアップルよりも低くなっています。トップ10といっても、このようにビジネスモデルが違

のROAの分解による比較など

②利益トップ10企業

企業名	Global 500 順位	ROA (%)	ROS (%)	資産回転率 (回)	資産 (百万ドル)	収益 (百万ドル)	従業員数 (人)	従業員1人当りの収益 (百万ドル)	収益百万ドル単位当りの従業員数 (人)
アップル(米国)	11	12.9	21.1	0.61	375,319	229,234	123,000	1.86	0.54
ブリティシュ・アメリカン・タバコ(英国)	453	25.3	185.0	0.14	190,746	26,128	62,270	0.42	2.38
バークシャー・ハサウェイ(米国)	10	6.4	18.6	0.34	702,095	242,137	377,000	0.64	1.56
インダストリアル・アンド・コマーシャル・バンク・オブ・チャイナ(中国)	26	1.1	27.7	0.04	4,005,996	153,021	453,048	0.34	2.96
サムスン・エレクトロニックス(韓国)	12	13.0	17.3	0.75	281,906	211,940	36,575	5.79	0.17
チャイナ・コンストラクション・バンク(中国)	31	1.1	25.9	0.04	3,397,479	138,594	370,415	0.37	2.67
ベライゾン(米国)	37	11.7	23.9	0.49	257,143	126,034	155,400	0.81	1.23
AT&T(米国)	20	6.6	18.3	0.38	444,097	160,546	254,000	0.63	1.58
アグリカルチュラル・バンク・オブ・チャイナ(中国)	40	0.9	23.3	0.04	3,233,013	122,366	491,578	0.25	4.02
バンク・オブ・チャイナ(中国)	46	0.9	22.1	0.04	2,989,469	115,423	311,133	0.37	2.70

表6　従業員数トップ10企業と日本の収益トップ10企業のROAの分解

①従業員数トップ10企業

順位	企業名	Global 500 順位	ROA (%)	ROS (%)	資産回転率 (回)
1	ウォルマート(米国)	1	4.8	2.0	2.45
2	チャイナ・ナショナル・ペトロリアム(中国)	4	−0.1	−2.0	0.52
3	チャイナ・ポスト・グループ(中国)	113	0.3	6.9	0.05
4	ステート・グリッド(中国)	2	1.6	2.7	0.60
5	ホン ハイ・プレシジョン・インダストリー(台湾)	24	4.0	2.9	1.35
6	シノペック・グループ(中国)	3	0.4	0.5	0.94
7	フォルクスワーゲン(独)	7	2.6	5.0	0.51
8	コンパス・グループ(英国)	413	10.0	5.1	1.94
9	U.S. ポスタル・サービス(米国)	123	−10.0	−3.9	2.54
10	アマゾン・ドット・コム(米国)	18	2.3	1.7	1.35

②日本の収益トップ10企業

企業名	Global 500 順位	ROA (%)	ROS (%)	資産回転率 (回)
トヨタ自動車	6	4.8	8.5	0.56
本田技研工業	30	5.3	6.9	0.76
日本郵政	45	0.2	3.6	0.04
日産自動車	54	3.8	6.2	0.61
日本電信電話	55	4.0	7.7	0.52
日立製作所	79	3.4	3.9	0.89
ソフトバンクグループ	85	3.2	11.3	0.28
ソニー	97	2.5	5.7	0.43
JXTGホールディングス	99	4.1	4.3	0.96
イオン	103	0.2	0.3	0.85

（出所）表1に同じ。

うことが分かります。

表6は、従業員数トップ10のROA、ROSと資産回転率を見たものです。表6の②は、日本のトップ企業のROAなどを示したものです。トヨタのROAは4・8%でホンダより低いですが、ウォルマートと同じです。ウォルマートはROSが2%と低いので、2・45回と回転率を高めてトヨタと同じROAを達成しています。つまり薄利多売型のビジネスモデルです。金融もやっているトヨタはその逆で回転率が低く利幅率が高いことがわかります。なお10位のアマゾンについては、次のGAFAのところで検討します。

（4）GAFAの財務的特徴について

表7は、*Fortune*から2018年のGAFAの財務的特質を簡単に比較するために作成したものです。グーグルはアルファベットという親会社の企業名で上場していますが、利益のランクは世界25位で企業規模は52位です。アップルの利益は世界のトップで、フェイスブックは利益では19位で

表5　収益トップ10企業と利益トップ10企業

①収益トップ10企業

Global 500 順位	企業名	ROA (%)	ROS (%)	資産回転率 (回)
1	ウォルマート(米国)	4.8	2.0	2.45
2	ステート・グリッド(中国)	1.6	2.7	0.60
3	シノペック・グループ(中国)	0.4	0.5	0.94
4	チャイナ・ナショナル・ペトロリアム(中国)	−0.1	−0.2	0.52
5	ロイヤル・ダッチ・シェル(オランダ)	3.2	4.2	0.77
6	トヨタ自動車(日本)	4.8	8.5	0.56
7	フォルクスワーゲン(独)	2.8	5.0	0.51
8	BP(英国)	1.2	1.4	0.88
9	エクソンモービル(米国)	5.7	8.1	0.70
10	バークシャー・ハサウェイ(米国)	6.4	18.6	0.34

（出所）表1に同じ。

表7　*Fortune* "Global 500"にみるGAFAの財務的特質

利益順位	企業名	Global 500 順位	利益（百万ドル）	資産（百万ドル）	収益（百万ドル）	従業員数（人）	ROA（%）	ROS（%）	資産回転率（回）	従業員1人当りの収益（百万ドル）	収益百万ドル単位当りの従業員数（人）
1	アップル	11	48,351	375,319	229,234	123,000	12.88	21.09	0.61	1.86	0.54
19	フェイスブック	274	15,934	84,524	40,653	25,105	18.85	39.20	0.48	1.62	0.62
25	アルファベット(Google)	52	12,662	197,295	110,855	80,110	6.42	11.42	0.56	1.38	0.72
183	アマゾン・ドット・コム	18	3,033	131,310	177,866	566,000	2.31	1.71	1.35	0.31	3.18

（出所）表1に同じ。

表8　GAFA各社の主な財務指標

（単位:記載のないものは億円）

	収益力			財務			キャッシュフロー(CF)			
	ROE 自己資本利益率	ROA 総資産利益率	研究開発費	総資産	自己資本比率	有利子負債	営業CF	投資CF	財務CF	現金同等物
グーグル	8.7%	6.4%	18,620	220,970	77.3%	4,445	14,181	▲35,169	▲9,293	12,000
アップル	**49.4%**	**16.3%**	15,944	409,612	29.3%	128,221	**86,726**	17,993	**▲98,421**	29,022
フェイスブック	6.4%	5.0%	8,684	94,666	**88.0%**	−	27,121	▲22,442	▲5,863	9,048
アマゾン	12.9%	2.3%	**25,334**	147,067	21.1%	49,444	20,646	▲31,157	11,043	22,984
トヨタ自動車	13.8%	5.0%	10,643	**503,082**	37.2%	**193,475**	42,100	**▲36,600**	4,491	**30,522**
ソニー	18.0%	2.6%	4,585	190,655	15.6%	13,450	12,549	▲8,222	2,464	15,863

（注）1ドル=112円で換算。フェイスブックの有利子負債は非公開。▲はマイナス。各社IR資料を基に作成。
（出所）『週刊東洋経済』2018年12月22日号、24ページ。

すが収益でみた企業規模では２７４位です。アマゾンは利益では１８３位ですが企業規模では18位です。ＧＡＦＡのなかでアップルの利益が極めて高く、資産も相当な規模を保有していて、収益も大きいことがわかります。また、アマゾンはＲＯＡとＲＯＳが一番低いという特徴があります。意外にもアマゾンは、流通業に軸足を置いているため薄利多売型だといえます。**表５**の②の「収益単位あたりの従業員数」で見ると、雇用の「質」はともかく３・18人と最も高い雇用の貢献度をアマゾンは示しています。それに対して、アップルは前述のように０・54人と最も低く、収益が大きいのですが、雇用に貢献していないといえます。４社のなかで、フェイスブックは資産が最も小さいためＲＯＡが一番高く、18・85％です。従業員数でみるとフェイスブックは２万５０００人に対して、アマゾンは56万６０００人います。ＧＡＦＡといっても、ビジネスモデルや財務的特徴がだいぶ違うことが分かります。

次に表8を見ると、グーグルの自己資本比率は77％、フェイスブックは88％と高く、負債は約2割です。自己資本が大きいため、それぞれのＲＯＥ（自己資本利益率）は、８・７％、６・４％と相対的に低い数値となっています。逆に負債の多いアップル、アマゾン、トヨタ、ソニーは借入金や社債などの負債を用いる財務レバレッジ効果によりＲＯＥを高くしています。アップルのＲＯＥは50％近い数値です。表8の一番右側の「現金同等物」で「キャッシュ」の残高について見ると、トヨタが一番大きく、次が営業ＣＦ（キャッシュフロー）トップのアップルです。これらは、いわゆる「カネ余り企業」といえるでしょう。

（5）米中の覇権争いと多国企業の規制について

デジタルエコノミーをめぐって米中が覇権争いに入っています。ファーウェイ・テクノロジーズ（Huawei Technologies）社をめぐってアメリカ政府と中国政府の対立になっていて、部品の発注など日本経済にも影響が及んでいます。日産とルノーの関係も、ある意味で日本政府とフランス政府の主導権争いになっています。ルノーは国有多国籍企業に近い形ですので、これが日産を統合しようとするところに、一連の事件の背景があるようです。

なお、多国籍企業・グローバル企業をどう規制するかという課題については、『経済』（２０１９年６月号）の討論の箇所（36－51ページ）で述べていますので参照して頂ければと思います。

（1）　Rugman, A. M. and D' Cruz, J. M. (2000). Multi-nationals as Flagship Firms, Oxford University Press.

（2）　Geoffrey Jones (2005) . Multinationals and Global Capitalism: From the 19th to 21st Century,p. 40 [ジェフリー・ジョーンズ〔安室憲一、梅野巨利 訳〕（二〇一四）『国際経営講義：多国籍企業とグローバル資本主義』有斐閣、53－54ページ]。

（収録＝２０１９年２月15日）

第Ⅱ部　多国籍企業・グローバル企業の動向と実態

多国籍企業研究の視点について

桜井　徹さんに聞く

1　変化の概要──規模、出身国、活動分野

──経済のグローバル化が進むもと、巨大企業の活動も一つの国や産業の壁を超えて展開しています。今日の多国籍企業の特徴として、どういうことが言えるのでしょうか。

多国籍企業は、ＵＮＣＴＡＤ（United Nations Conference on Trade and Development: 国連貿易開発会議）の定義では「法律形態や活動領域に関わらず二ヵ国以上の国において、一つの意思決定のシステムの下で活動して」いる事業体であり、資本所有関係やその他の連携によって重要な影響を与えている企業とされています（UNCTAD, Scope and Defini-tion, 1999, p.45.）。

まず、多国籍企業一般の特徴について述べます。**表**は１９９０年、２００７年および２０１７年の対外直接投資と多国籍企業の子会社売上高、世界のＧＤＰの推移をまとめたものです。この表から、次のことが言えます。年間の対外直接投資フローは１９９０年に２０５０億ドルであったが２０１７年には1兆４３００億ドルとなり、その結果、対外直接投資ストックは、２兆１９６０億ドルから31兆５２４０億ドルとなりました。それに対応して、２

０１７年の海外子会社売上高は１９９０年の４・56倍、海外子会社総資産はさらに17・６倍となっています。世界全体のＧＤＰは３・41倍なので、その増加率が高いことが分かります。

ただし、２００７年と２０１７年を比較すると、対外直接投資フローや海外子会社売上高などではマイナスが見られます。オランダの研究者はスローバリゼーション（Slowbalization）と称しているようです。

ここには、米国の保護主義、それに伴う米中貿易戦争、海外投資をそれほど必要としないAlibabaやNetflixなどのデジタル・サービス産業の増加に加えて、欧州・米国・アジアの地域内での取引の増加＝地域化の反映が見られます（*The Economist*, January 24th 2019, Globalization has faltered）。この傾向が今後とも続くかは不明ですが、グローバリゼーションの一方的な拡大とは断言できません。

表　海外直接投資と海外生産（単位:10億ドル）

	1990	2007	2017	2017／1990	2017／2007
対外直接投資 フロー	205	1,997	1,430	6.98	0.72
対外直接投資ストック	2,196	15,602	31,524	14.36	2.02
海外子会社売上高	6,755	31,197	30,823	4.56	0.99
海外子会社総資産	5,871	68,716	103,429	17.62	1.51
海外子会社雇用数（千人）	27,034	81,615	73,209	2.71	0.90
世界のGDP	23,433	54,568	79,841	3.41	1.46
財・サービスの輸出高	4,414	17,138	22,558	5.11	1.32
海外子会社売上高／世界のGDP	28.8%	57.2%	38.6%		

（出所）UNCTAD, *WorldInvestmentReport*, 2007, p.10, 同、2018, p. 20から作成。

もう一つの特徴は、政府が所有ないし経営している多国籍企業、すなわち多国籍公企業が無視できない大きさになっていることです。ＵＮＣＴＡＤは、「世界投資報告書」（*World Investment Report*: WIR）２０１１年版で初めて世界の多国籍公企業の姿を明らかにしました。政府の資本保有割合が10％超か、大株主であるか、もしくは黄金株を有するかなどによって、海外活動に従事している企業を、多国籍公企業として定義しています。

２０１１年版と２０１７年版でその推移を見ますと、総数は２０１１年で６５３に対して、２０１７年では約１５００と2倍超に増えています。発展途上国ないしは新興国が２０１１年には、３４５に対して、２０１７年では5分の3とその比重を若干高めています。その中でも、中国が50から257、マレーシア45から79、インド20から66、ロシア14から51となっています。同時に、先進国でもEU全体では223から420と急増しています。国別では、フランスが62から45とやや減少するのに対して、スウェーデン18から49、ドイツ18から43と、EU（欧州連合）加盟国ではないがノルウェーやフィンランドおよびスイスも20を超えています。UNCTAD（WIR 2017, p.37）は、多国籍公企業の海外展開の契機として、国際化との関連で①制限（イタリアの場合）②促進（中国の場合）③無関係（スウェーデンの電力会社 Vattenfall）に加えて、金融部門の多国籍公企業は、2008年から2009年の金融危機における企業救済を目的とする四つをあげています。ちなみに日本も4から6へと増加しています。

米国系をはじめとして多国籍私企業がこれまでの研究の主な考察対象でしたが、先に指摘した保護主義や地域化が進行する中で、こうした多国籍公企業と多国籍私企業の絡み合いを研究することも今日、必要になっているのではないでしょうか。

次に海外資産額を基準にした多国籍企業の上位100社をみると、その特徴は次の3点に要約できます。まず、その規模についての特徴です。これらの多国籍公企業は、数の上では多国籍企業全体の0・1％にすぎませんが、世界の海外資産の10％、海外売上高の17％、海外従業員の13％を占め、その資産全体は世界のGDPの10％を占めると言われています（WIR 2018, p.26）。ここには、グローバリゼーションと企業集中の程度が表現されている、とUNCTADは見ています。

第二は、出身国の変化です。端的に言えば、発展途上国の多国籍企業が上位100社の中に8社が入り、うち、中国が4社です。多数を占めるのは、米国、英国、フランス、ドイツなどの先進国ですが、1990年と比較すると、米国と日本が減少しています。1990年では、発展途上国の多国籍企業は皆無でした。

第三の特徴は、活動分野です。石油精製等の鉱山業や自動車、医薬品も多いのですが、テレコム6社、テク

(Tech) 15社と呼ばれる分野が多くなっています。Techはテクノロジーの省略形ですが、テレコム産業と合わせてデジタル産業と表現している所からすると、ICT産業と言えます。代表的会社はサムスン、SAP、ノキア、日立、アマゾン、インテル、フロード・コム、オラクルおよびテンセントなどの会社です。2010年ではテレコムとテク産業に属する多国籍企業は上位100社の中では11社でした。

2　税率の低い国に本拠地を置く

――「グローバリゼーションの中での企業活動」、「無国籍化する企業活動」と表現する議論もあるようですが。

たしかに、「多国籍企業」(multinational enterprise: MNE) は文字通りに解釈すると多くの国籍を有する企業、「超国家企業」(transnational corporation:TNC) は、国家の枠を超えた企業です。状態を重視する場合によって使い分けられています。

丸山惠也氏をはじめ多くの方が指摘しているように、国際的に活動するこれらの企業は、国家の枠を超えようとしているけれども、国家の枠組みの中で活動しています。多国籍企業は、ほとんどの場合、各国の法制度の下で法人格を取得して設立されていますし、何よりも、多国籍企業が活動する今日の地球が国民国家として分割されています。そうした意味では、矛盾した存在と言えなくはありません。とはいえ、F. Wettstein (*Multinational Corporations and Global Justice: Human Rights Obligations of a Quasi-Governmental Institution*, Stanford University Press, 2009, p.12) が言うように、「多国籍企業は、多国籍構造を戦略的に使用することによって、遵守したい規則と遵守したくない規則を自分で選択できるようになっている」ことを考慮する必要があります。

端的な事例が、税率の低い国に本拠地を置くという行動です。2017年に多国籍企業上位100社を国別にみると、アイルランドを本拠地とする企業が四つも登場しています。

しかしながら、この問題については、次の点に留意すべきだと思います。前で述べた多国籍公企業の存在です。中国やロシアをはじめとする新興国だけでなく、欧州各国も政府が影響力を有する多国籍公企業が多いということです。

なお、UNCTADの報告書WIRでは、1991年版から2013年版まで「超国家企業」（TNC）が使用されていましたが、2014年版から多国籍企業（MNE）が登場し、2016年以降は、TNCの用語が全く使用されなくなります。これは、国籍を重視する姿勢に関係しているように思われます。

3　IoT化、AI化、デジタル化と企業行動

――IoT（モノのインターネット）化、AI（人工知能）化のもとで、多国籍企業の特徴として、従来と変わらない面と変わってきた側面があると思いますが。

『The Economist』2018年3月31日号の記事（GrAIt expectations）で、マッキンゼー社が今後20年間にAIによって創造される価値を紹介しています。マーケティング・小売分野で1・4兆ドル、サプライ・チェーン分野で1・3兆ドル、リスク・マネジメント分野で0・5兆ドル、その他1・0兆ドルで、全体でおよそ4・2兆ドル（約450兆円）とされています。AIやIoTの普及は、欧米では一般的にデジタル化と言われています。

大量のデータ（ビッグ・データ）を集めることによって、GAFAに見られるような大企業が生まれ、またそうしたデータを転用することによって、他の産業領域に活動範囲を拡大していることはよく知られるようになっています。この点は、『経済』誌6月号の座談会ならびに森原康仁氏の研究（「プラットフォーム・ビジネスとGA

ＦＡによるレント獲得」『比較経営研究』43号、文理閣、２０１９年、47―68㌻）をご参照下さい。

デジタル化は、海外投資と多国籍企業の行動にも大きな影響を及ぼします。ＯＥＣＤから２０１８年に発表された『デジタル経済、多国籍企業及び国際投資政策』（OECD, *The Digital Economy, Multinational Enterprises and International Investment Policy*, 2018）にもとづいて、その影響を簡単に述べたいと思います。

第一は、既存の多国籍企業がデジタル化を進めるためにデジタル企業を買収していることです。第二は、デジタル化はコストがかからないために、マイクロ多国籍企業ないしはborn-global企業（生まれながらにしてグローバル展開を目指した企業）が増加しています。

ここでは、デジタル産業のグローバル展開に対して各国政府が規制するようになっている点を指摘したいと思います。その規制は、デジタル・データの地域内での保護、デジタル・データ・ローカライゼーションです。これは、進出先内で獲得されたデータは進出先内で保存を必要とするという規制です。

現在22の諸国で57の規制が取られています。それらの規制に関わるデータのタイプの内訳は、金融・会計（35％）、クラウド・ＩＣＴサービス（21％）、個人（21％）、公共（11％）などとなっています。

これに関連して注目されるのが、昨年5月に発効されたＥＵ一般データ保護規則（European Union's General Data Protection Rule）です。これは、プライバシーの保護のために個人データに関する権利を明確にするとともに、個人データのポータビリティを規定しています。とくに、ＥＵ域外にＥＵ市民の個人データが流失することを禁止しています。企業がデータをＥＵ域外で活用する場合、個人データはその個人の同意（未成年者の場合、親権者の同意）が必要になります。また、規則に違反した企業には、全世界の売上高の４％または２０００万ユーロ（約2・4億円）のどちらか大きい方の罰金が課せられることになっています。

4　多国籍企業の社会的責任と規制

――不祥事や事故などが多発し、企業の社会的責任ないしは企業の社会的規制が重要な課題になっていますが。

企業の社会的責任が世界的にも重視されるようになってきたのは、実は、多国籍企業の不祥事や企業事故が契機になっていたということです。端的には、1990年前後からのインドのボパールにおける多数の死傷者を出したユニオンカーバイド社の化学工場事故、アラスカにおけるエクソンバルディース号座礁による重油流出事故、スポーツシューズメーカー、ナイキの海外委託企業の児童労働事件などの多国籍企業の環境汚染や人権抑圧などの反社会的行為とそれへの批判でした。

最近の社会的責任では次の二つの点が重要です。

一つは、とくにナイキの場合のようにサプライ・チェーン（supply chain）にも拡大されているということです。2017年にスイス・サンガレンの繊維博物館に行った際に、スイスでデザインされバングラデシュで生産され、再びヨーロッパで販売されているハンカチの流れが表示されていたことを思い出します。今日の多国籍企業は、原材料から最終消費者までの製品の流れ全体に責任を持つことが求められています。最近も、日本では社会的責任活動等で先進的な企業として見られているネッスルのタイの取引先で強制労働がなされていることが報告され、批判されています。

もう一つは、強制労働や事故を含めて、社会的責任の内容を多国籍企業の人権侵害ととらえ、その防止と救済が必要だということです。とくにナイジェリアにおけるシェル社の石油開発にかかわって、1995年、反対運動を行っていた9人が現地政権によって絞首刑にかけられた事件を契機に多国籍企業に人権問題を問う声が急速に高まります（Wettstein, 前掲書、P.282、および J. Ruggie, *Justice Business: Multinational Corporations and Human Rights* 邦訳『正しいビジネス 世界が取り組む「多国籍企業と人権」の課題』岩波書店、２０１４年、50～55ページ参照）。

この動きを端的に示したのが、１９９９年に提唱された国連のグローバル・コンパクト（Global Compact）です。人権尊重、労働の基本原則、環境保護および腐敗防止の10原則からなっています。それは、参加企業・団体による自主的な取組で、強制力はありませんでした。

人権問題が決定的に重視されるようになったのは、２００５年「人権、多国籍企業及びその他の企業活動に関する国連事務総長特別代表」にラギー（Ruggie）氏が任命され、同氏の下で、２００８年６月に「人権とビジネス　保護・尊重および救済の枠組み」がまとめられ、２０１１年３月に国連人権理事会において全会一致で「ビジネスと人権に関する指導原則」が採用されたことによってです。

同指導原則は①「人権及び基本的自由を尊重、保護及び実現するという国家の既存の義務」、②「特定の機能を果たす特定の社会組織として、適用されるべきすべての法令を遵守し人権を尊重するよう求められる、企業の役割」、③「権利及び義務が侵されるときに、それ相応の適切で実効的な救済をする必要性」（訳は国連広報センターによる、https://www.unic.or.jp/texts_audiovisual/resolutions_reports/hr_council/ga_regular_session/3404/）から構成されています。そして、２０１４年、ビジネスと人権作業部会が設置され、国別行動計画の策定が奨励されています。欧州や南米諸国を中心に21ヵ国が同計画を公表していますが、日本は国別行動計画策定に向けての基本研究の段階にとどまっています（外務省「ビジネスと人権に関するベースラインスタディ報告書　ビジネスと人権に関する国別行動計画策定に向けて」２０１８年12月）。

「ビジネスと人権に関する枠組み」や「同指導原則」は、２０１０年の ISO26000「企業の社会的責任に関するガイダンス」やＥＵの新ＣＳＲ戦略２０１１にも大きな影響を与えています。その内容については、ラギー氏の前掲著作をご参照下さい。また、以前から存在していたOECDの「多国籍企業に関するガイドライン」やILOの「多国籍企業及び社会政策に関する原則の三者宣言」（Tripartite Declaration of Principles concerning Multinational Enterprises and Social Policy）も、こうした人権尊重の動きに対応して改訂されていきます。

この「指導原則」については、自発的なもので強制力がないという批判もありますが、統一的な国際法が存在しない状態で多国籍企業の人権侵害に対して、各国政府だけでなく、多国籍企業の責任をも明確にし、とくに企業に人権デュー・ディリジェンス（due diligence）の公表を迫るようになった点は注目されます。デュー・ディリジェンスとは、「（負の影響を回避・軽減するために）その立場に相当な注意を払う行為又は努力」という意味であり、「指導原則では、この『デュー・ディリジェンス』は、『企業の役職員がその立場に相当な注意を払うための意思決定や管理の仕組みやプログラム』であり、経営責任の有無の判断基準を提供することにあるとされ、これはすなわち『人権リスクに関する内部統制』である」（日本弁護士連合会「人権デュー・ディリジェンスのためのガイダンス（手引き）」２０１５年1月、２ページ）と説明されています。

もちろん、「指導原則」も多国籍企業の規制を義務的なものにすることができていません。

しかしながら、ＥＵでは２０１４年に被用者５００人以上の企業に対して人権や反腐敗を含む環境・社会・労働問題などの非財務情報の開示を義務づける理事会指令が出され、イギリスでは２０１５年に現代奴隷法（Modern Slavery Act）が、またフランスやスイスではデュー・ディリジェンスの義務化も行われています（国連人権ＮＧＯヒューマンライツ・ナウ「非財務情報（ＥＳＧ）開示をめぐる国際的動向と提言―ビジネスと人権に関する国別行動計画（National Action Plan）への提案―」２０１８年4月28日）。

さらに、国連人権委員会で「超国家会社やその他の営利企業に対する人権尊重に関する国際的に法律上拘束力のある手段の構築」という決議が２０１４年7月14日になされ、現在まで4回のセッションが開催され、多国籍企業に関わる被害者の救済を主目的にした「ゼロ・ドラフト」という草案（legally binding instrument to regulate, in international human rights law, the activities of transnational corporations and other business enterprises）が検討されています。

5　ＳＤＧｓと多国籍企業・グローバル企業

――国連総会で提起された、ＳＤＧｓ（Sustainable Development Goals）は、多国籍企業・グローバル企業の規制ではどういうことが言えるのでしょうか。

ＳＤＧｓは、２０１５年9月15日の国連総会において全会一致で採択された決議「私たちの世界の変革に向けて：持続可能な開発のための２０３０年課題」（Transforming our world: the 2030 Agenda for Sustainable Development）において示された17の目標と１６９のターゲットを指します。それは、貧困の撲滅、多様な格差（経済的不平等や男女間やマイノリティー）の是正をはじめとする人権の保護、そして地球環境保護など人類と地球が直面する諸課題を２０３０年までに達成することを掲げています。ＳＤＧｓに先行したＭＤＧｓ（Millennium Development Goals）が低開発国の問題として把握されていたのに対して、ＳＤＧｓは先進国を含め、各国政府、企業および市民が一体となって解決すべき全人類的課題に取り組むべきことを提起した点でも大きな意義を持つものであります。我が国でも、新聞・雑誌などメディアを含めて政府と経済界が大きく取り組んでいることは周知の所です。多くの新聞・雑誌で17のカラフルなパネルとともに、また17色のバッジを胸につけた経営者の写真とともに、我が社がいかにＳＤＧｓに取り組んでいるかの記事や広告をよく見かけます。取り組むことはよいのですが、とくに我が国では誤解しているところがあります。

その一つは、ＳＤＧｓは、環境問題の解消が中心的課題であるとみられていることです（石炭火力発電所新設に見られるように、日本が地球温暖化を促進している国の一つであることは、ここでは触れません）。しかし、環境問題の解決と同時に、ＳＤＧｓは、人権問題を前面に掲げています。貧困の撲滅や格差の解消、さらには環境保護も、地球上のすべての人々に生存の権利、教育の権利などを保障するものです。ＳＤＧｓについての手引書である「SDG Compass P.10」も、企業の基本的責任に関連して「すべての企業が関連法を遵守し、国際的に定められた最低基準を維持し、普遍的な権利を有するという認識の上に成り立っている」と述べています。また、民間コンサルタント機関が企業経営者向けにＳＤＧｓの戦略的重要性を指摘した書籍（モニター デロイト編『ＳＤＧｓが問いかける経営の未来』日本経済出版社57ページ）でも、「人権ベース」がＳＤＧｓを貫く主要概念であることを指摘しています。

さらに、重要なことは、多国籍企業に対する規制という観点からＳＤＧｓを見た場合、「ビジネスと人権に関する指導原則」からも、後退した側面が見られるということです。これは私だけのもつ印象ではなく、指導原則を提案したラギー氏も指摘している所です（Keynote Address United Nations Forum on Business & Human Rights,14 November 2016, 邦訳「第５回国連ビジネスと人権フォーラム基調講演」）。同氏は五つの問題点を指摘しています。

第一は、企業が人権、労働基準などの法令を遵守することについて簡単にしか述べられていないので（注、参照）、「ＳＤＧｓにビジネスを取り組ませることの方が重要である」と誤解されるということです。

第二は、「ＳＤＧｓに貢献するビジネス戦略の多くは……マイケル・ポーター教授が有名にした共有価値の創造（ＣＳＶ）に依拠」していることです。「共有価値の創造は法と倫理基準の遵守、およびビジネスによって引き起こされるいかなる害をも軽減すること」を前提にしているが、「ビジネスと人権の課題はまさにこの前提があまりに多くの状況において成り立たない」ということを示しているのではないか、と疑問を呈しています。企業が経済価値を追求する結果、社会的価値を毀損することを指摘しているのです。

第三は、「自社が行い得る17項目のＳＤＧｓ全てに対してどのような貢献ができるかを考量しようとしているのではなく……『いいとこ取り』をしようとしている」ことです。

第四は、それに関連してビジネスチャンスというアドバイスが行われることも指摘されています。

最後は、人権の尊重が企業にとってネガティブなものだという考え方があるのではないかということが指摘されています。

こうしたラギー氏の指摘をふまえると、なぜ日本政府や多くの企業がＳＤＧｓに積極的で、「ビジネスと人権に関する指導原則」に消極的なのかが理解できます。

ラギー氏の著作の題名にもあるように、正義（Justice）と人権（Human Rights）を結合させて、哲学の分野では、国際的正義の問題が論議されています（Wettstein 前掲書およびアマルティア・セン『正義のアイデア』明石書店、２０１１年など）。

自戒の念を込めていえば、経営学でも、研究視点として、正義と人権の問題を正面から取り上げることが必要になっているように思われます。単に多国籍企業の問題ではありません。就職活動を行う学生にとって、最大の関心事である「ブラック企業」問題は、まさに人権問題です。

〈注〉

「アジェンダ２０３０」およびＳＤＧｓで多国籍企業を含む企業について直接言及されているのは、次の２ヵ所です。一つは、「アジェンダ２０３０」の67ページです。

「民間企業の活動・投資・イノベーションは生産性、包摂的経済成長および雇用創出の主要なドライバー（major driver）」である。私たちは民間セクターが多様であり、小企業（micro-enterprise）から協同組合や多国籍企業（multinationals）までにわたっていることを認識している。私たちはすべての民間セクターに対して、持続可能な開発の挑戦的課題の解決に、その創造性とイノベーションを注力することを求める。私たちは、労働権及び環境・健康基準をこれに関わる適切な国際基準や協定およびその他の現在進行中の諸提案に合致する形で協定を遵守しつつ、ダイナミックかつ十分に機能する民間セクターを促進する。ここで言う国際基準や協定というのは、『ビジネスと人権に関する指導原則』、ＩＬＯ（国際労働機関）の労働諸基準、児童の権利に関する条約および主要な多国間環境諸協定を指している」

もう一つは、ＳＤＧｓの目標12「持続可能な生産と消費形態の確保」のうちのターゲット12・6です。

「会社、とくに大会社や多国籍企業が持続可能な取組を導入し、持続可能性に関する情報を定期報告に統合することを奨励する」

以上の翻訳は外務省の「仮訳」（https://www.mofa.go.jp/mofaj/files/000101402.pdf）を参考にしています。

米中デジタル多国籍企業の覇権競争——米中貿易摩擦と日本企業

夏目啓二

はじめに

トランプ政権は、「アメリカ・ファースト」を主張し、米中貿易戦争に突入している。20％の関税から25％の高関税の幅をもちながら、課税品目を拡大している。さらに、中国のファーウェイ（華為科技）、ZTEなどハイテク企業を狙い打ちにしている。トランプ政権が中国のハイテク産業を敵視するのはなぜか。また、米中のハイテク摩擦が世界と日本経済にどんな影響を及ぼすのか。これが本稿の明らかにする課題である。そこで、本稿は、①米国のデジタル多国籍企業の支配構造と動揺、②中国のデジタル多国籍企業の台頭と米中の技術覇権競争、③米中デジタル多国籍企業と投資ファンド、の順で明らかにする。なお、データは「日本経済新聞」（「日経」）、Wall Street Journal（WSJ）, The Financial Tims の電子版に依拠した。

1 米国のデジタル多国籍企業の支配構造と動揺

(1) デジタル多国籍企業とプラットフォーマー、そしてIPO

GAFAは、米国のデジタル多国籍企業、グーグル(親会社はアルファベット)、アップル、フェイスブック、アマゾン・ドット・コムの頭文字を並べた造語である。他にも影響力のあるデジタル多国籍企業として、「FANG」(フェイスブック、アマゾン、ネットフリックス、グーグル)や「MANT」(マイクロソフト、アップル、エヌビディア、テスラ)とも呼ばれる(「日経」18年11月4日付)。デジタル多国籍企業は、二つの特徴をもっている。

デジタル多国籍企業は、プラットフォームを活用した現代的なデータ独占と定義できる。彼らの活動は、グローバルである。

かれらはまた、プラットフォーマーとも呼ばれる。プラットフォーマーは、スマートフォンの開発と販売をはじめ、検索サイトや交流サイト(SNS)、ネット通販などインターネット上の事業を通じて世界中の顧客のデータを蓄積する。AI(人工知能)は、顧客のデータを蓄積すればするほど、顧客にとって魅力のある、価格競争力のある、商品やサービスを開発する能力をたかめることができる。プラットフォーマーは、この顧客データを基に新たな製品やサービスを開発し、その魅力と価格競争力を高めて、顧客を囲い込んで成長し、巨大化する。このため、プラットフォーマーは、既存の産業に大きな影響を与え、産業構造や雇用構造、地域構造の再編成をもたらしている(「日経」前掲)。これは、「アマゾン・イフェクト」(アマゾンの影響)と呼ばれ、中小企業や社会から警戒されている。これが、デジタル多国籍企業の第一の特徴である。

デジタル多国籍企業の第二の特徴は、ＩＰＯ（Initial Public Offering：新規株式公開）の仕組みを利用して株式を公開し、資本調達することである。

資本主義は、株式会社制度を利用して資本の調達と経営を行う。デジタル多国籍企業のＧＡＦＡも例外ではない。だからこそ、ＧＡＦＡもスタートアップの時代からＩＰＯを目標にしてデジタル技術開発を推進し、巨大化してきた。このＩＰＯ前の10億ドル以上の未公開企業のことを「ユニコーン」と呼んでいる。シリコンバレーをはじめ、アメリカのハイテク地域に、スタートアップ、ユニコーンが数多く集積している。これらのユニコーンは、ＧＡＦＡ予備軍となる。

株式公開会社となったＧＡＦＡの高い純利益率や売上高の成長性が、かれらの株式の時価総額（企業価値）を押し上げ、投資家を惹きつける。こうして経済支配力を獲得した株式公開会社であるＧＡＦＡの起業家、経営者たちと出資者である大株主の投資ファンドは、純利益率と株式の時価総額のひとにぎりの独占者となる。デジタル資本主義のもとでの株式会社制度が、デジタル多国籍企業のひとにぎりの企業家と経営者、投資ファンドに経済的富を集中させる仕組みである。

（２）ＧＡＦＡの大株主＝投資ファンドと所得格差、資産格差

アップル、アルファベット、フェイスブックの筆頭株主は、いずれも米資産運用大手バンガード・グループである。同社にブラックロック、ステート・ストリートを加えた３社が世界の株式市場を席巻している。３社の株式運用額は１０００兆円に迫り、世界の時価総額の１割超に相当する。議決権を通じた社会への影響力も日増しに高まっているといわれる（四方雅之、「日経」18年10月24日）。

表1　運用大手3社の特徴

株式運用額	特徴	日本の主な投資先
バンガード・グループ		
3.6兆ドル	1976年に初の個人向けインデックスファンドを設定した。債券なども含めた運用総資産は5兆1000億ドル（6月末）	武田（2位）、新日鉄住金（3位）
ブラックロック		
3.5兆ドル	世界最大の資産運用会社。運用総資産は6兆4400億ドル（9月末）	三井物（2位）、JXTG（1位）
ステート・ストリート		
1.7兆ドル	証券保管と資産運用が中核。運用総資産は2兆7200億ドル（6月末）	三井不（13位）

（注）主な投資先のカッコ内は株主順位
（出所）四方雅之、「日本経済新聞」2018年10月24日。

バンガード、ブラックロック、ステート・ストリートの株式運用額は合計で約８兆８千億ドル（９９０兆円）である（**表1**参照）。その合計額は、東証１部の最近の時価総額（約６００兆円）を上回り、世界の時価総額（９月末）の10・4％に当たる。共通するのは、米S&P５００や日経平均株価など株価指数に連動するインデックス運用を主力としている点である。低コスト運用を求める年金・個人や各国政府の政策などを追い風に成長したといわれている（四方雅之、同前）。

なかでもバンガードの株式運用額は、２０１８年８月末時点で3兆6千億ドルに達し、深圳証券取引所の時価総額（2兆7千億ドル）を上回り、香港取引所（4兆1千億ドル）に迫る。同社はインデックス運用の世界最大手である。流入した資金が指数の構成上位を占めるGAFAの株価をさらに押し上げる結果となっている（四方雅之、同前）。

２０１８年現在、GAFAの筆頭株主バンガードと、ブラックロック、ステートストリートを加えた3社で、GAFAに５００兆円を投資している。GAFAのひとにぎりの起業家、経営者や大株主である投資ファンドが手にする付加価値と経済的富の集中は、巨額である。GAFAの高い純利益率（売上高・純利益率）とそれを反映した高い株式の時価総額が、今日のGAFAの経営成果であるし、企業価値である。この高い利益率とそれを反映した高い株式の時価総額（企業価値）は、だれのものだろうか。GAFAの従業員、社員のものだろうか。かれらの力と創造の力が生み出した経営成果であることは間違いない。しかし、かれらのものではない。かれらはすでに、GAFAから雇用契約に基づいて賃金や所得としてかれらのデジタル労働市場の賃金・所得相場を反映した金額（価値額）を受け取っているからである。ＧＡＦＡにしてみれば、かれらの人件費、それから固定費、管理費用を売上高から差し引いた差額が、高い営業利益と経常利益となる。したがって、ＧＡＦＡの経営成果と企業価値は、経営者たちと株主（＝投資家）たちのものになるのである。ここにこそ、今日の世界的な規模の所得格差と資産格差の原因がある。

さらに、グローバルなデジタル経済のもとで、デジタル多国籍企業にたいする課税は、困難となる。従来の課税システムでは、進出する多国籍企業の物的な拠点や施設を根拠に課税がなされたが、デジタル多国籍企業は物的な拠点や施設を必要としない。このため、デジタル多国籍企業が進出先国で得た売上高収入に対する進出先国政府のデジタル多国籍企業への課税は、困難となる。かくして、ＧＡＦＡへの経済的富の集中は、国境を越えた所得格差、経済格差をいっそう拡大する。

（3）ＧＡＦＡの世界経済支配の動揺をもたらす三つの理由

しかしながら、こうしたＧＡＦＡの世界経済の支配は、盤石ではない。ＧＡＦＡの世界経済支配の成果は、かれらの高い利益率とそれを反映した株式の時価総額（＝企業価値）で表される。２０１８年末現在、ＧＡＦＡの世界経済支配の結果である、高い利益率とそれを反映した株式の時価総額が揺らぎはじめている。

ＧＡＦＡ、４社の直近の２０１８年10～12月期の連結決算を見よう。アップルを除く3社が増収増益を確保し、２０１８年通年の税引き前利益は合計で15兆円規模と、圧倒的な収益力を示した。ただ、売上高に対する利益の比率は２０１２年の約26％から20％割れ目前に下がった。ＧＡＦＡの高い売上高利益率が、減少傾向にある（中西豊紀、「日経」19年2月6日）。

この売上高利益率の低下傾向は、株式の時価総額（企業価値）にも反映する。こうした売上高利益率の低下傾向こそ、GAFAの世界経済の支配が動揺し始めている兆候である。その原因は、大きく分けると三つある。

GAFAの利益率を下げる要因の一つが、事業の成熟化に伴う「GAFA内競争」の激化である。これまでグーグルは検索、アマゾンはネット通販というように、異なる主力分野で利益を取得してきたが、主力市場の成熟化に伴い他社の領域に進出する事例が相次いでいることである（中西豊紀、同前）。この新規参入にともなう投資コストと競争にともなうコスト負担が増加していることである。

GAFAの利益率を下げる第二の要因は、中国のプラットフォーマー（BATH）の台頭とかれらとの間のグローバルな競争にある。BATHとは、バイドゥ（百度）、アリババ集団、テンセント（騰訊控股）、ファーウェイ（華為技術）である。GAFAとBATHとのグローバル競争は、中国市場のみならず、新興国市場においても、また先進国市場においても激しい。かれらとの通信プラットフォームである5Gの通信機器市場とスマホ市場を巡る覇権争いは、技術面、コスト面の双方で極めて厳しい。

GAFAの利益率を下げる第三の要因は、「社会的責任コスト」といわれるものである。グーグルやフェイスブックなどは膨大な顧客データを分析することでサービスの付加価値を高め、消費者を囲い込むプラットフォームを構築した。だが情報流出問題などが頻発し、現代の社会インフラとしての責任を果たせていないとの批判がうずまいていることである（中西豊紀、同前）。そして、欧州連合（EU）の欧州委員会は2019年3月、グーグルに14億9000万ユーロ（約1900億円）の制裁金を払うよう命じたばかりである（森本学、中西豊紀、「日経」19年3月20日）。

そこで、以下では、紙幅の関係から上記の三つの原因のうち、第二の原因と背景を分析し、その世界経済、日本経済への影響を分析することにしよう。

2　中国デジタル多国籍企業の台頭と米中の技術覇権競争

（1）中国のプラットフォーマー、BATとファーウェイHの台頭

中国のプラットフォーマー（BATH）は、ネット通販、ITサービス、自動運転技術、医療技術など、様々な事業領域のAI開発とIoT（モノのインターネット）投資を行い、事業遂行能力（＝競争力）に役立てているデジタル企業である。BATHは、GAFAのプラットフォームの活用による支配と同様、蓄積するデータ（顧客情報）の質と量が、AI、IoTの質とレベルを決め、プラットフォーマーの事業遂行能力（使いやすいサービス、便利なサービス）を高めている。顧客は、この使いやすいサービス、便利なサービスに引き寄せられ囲い込まれる。AI開発には、顧客データの蓄積が重要となる。プラットフォーマーは、データの収集と蓄積に奔走する。

ファーウェイ（Huawei）は、5Gの次世代通信技術とスマートフォン支配により、世界規模でネットの入り口＝プラットフォームを支配しているのである。スマホは、BATのインターネットへのゲートウェイの役割を果たすプラットフォームである。そこで、紙幅の関係から本稿では、BATHのなかのファーウェイを分析対象とする。また、5Gの次世代通信技術を巡る米中の技術覇権競争については、その後の新局面と、スマートフォンの開発・販売を巡る米中覇権競争を中心に分析する。

（2）5Gを巡る米中覇権争いと「新しい経済冷戦」の可能性？

5G次世代情報通信技術で世界をリードする中国のファーウェイの技術開発力と世界的な影響力に対してトランプ政権は、危機感をもっている。トランプ政権は、2018年8月、政府機関のファーウェイ製品などの使用を禁じる国防権限法を制定した。のみならず、さらに、同盟国に対してもファーウェイの5Gの不使用を求めて対抗しようとしている。5Gの次世代通信技術の重要性と安全保障上の理由から、米国のファーウェイに対する対抗措置は、「新しい経済冷戦」の始まりといわれ、その可能性が指摘される（Wall Street Journal［WSJ］, December 28, 2018）。

しかし、欧州連合（EU）の欧州委員会は2019年3月、EU域内で整備する次世代通信規格「5G」を巡って、ファーウェイなど中国企業の製品を採用するかの判断を加盟国に委ねる「勧告」を公表した。既述のとおり米国は欧州に同社製品の排除を求めていたが、EUとして一律に除外するのは見送り、5Gのセキュリティー問題の監視強化に向けて加盟国間の連携を求めた。中国企業の締め出しを求めていた米国とは一線を引いた形である（**表2**参照）（森本学、「日経」19年3月26日）。

この欧州委員会の動きは多くのEU加盟国の戦略と合致している。イギリスもドイツも同様の戦略で、電子機器のインフラ構築という際どい判断を迫られる分野から中国企業を締め出そうとする米政府の圧力には抵抗している。しかしながら、米政府高官は、欧州各国がファーウェイを受け入れれば、欧米間の軍事・秘密情報分野での連携が損なわれかねないと警告する。こうした一連の動きを「全く新しい米中というブロックの登場」（Michael Peel, The Financial Times, 25, March. 2019）との見方は多い。

「国境を越えるデータの管理とデータの移転の問題をどう扱うのか懸念が高まる中、米国の技術をベースとした世界でやっていくのか、中国の技術をベースとした世界でやっていくのか、いずれかを選ばなければならないという圧力は高まっていくかもしれない。しかも、どちらも他方を排除する姿勢を強めていくだろう。問題は、技術に始まるこのブロック化は、技術分野にとどまらないことだ。今やデータと通信が、ほぼあらゆる形のビジネス活動と軍事活動の基盤をなすからだ」（Michael Peel, 同前）。

２０１９年３月の段階では、欧州の同盟国に対する米国の対ファーウェイ排除網の構築は、成功していないが、オーストラリアと日本は、米国に追従している。

この結果、２０１８年の基地局などの売上高シェアで、エリクソン（スウェーデン）が29・０％と17年比２・４ポイント上昇する一方、ファーウェイは26・０％と同１・９ポイント低下した。ファーウェイのシェア低下は、米国のファーウェイ排除網構築の影響といえる。一方、ファーウェイは欧州・中東・アフリカで40％、アジア太平洋で30％と、17年よりそれぞれ２ポイント、シェアを拡大した。ファーウェイは、米国による排除活動の影響のない地域で販売を強化したため、シェアの下落は小幅にとどまったといえる（多部田俊輔、川上尚志、「日経」19年3月29日）。

表2　中国の5G設備に対する各国の対応状況

国名	対応状況	環状、政府の反応
米　国	×	中国企業を締め出し。日本など同盟国にファーウェイ製品の不使用呼びかけ
オーストラリア	×	中国企業を締め出し
英　国	△	ファーウェイが一部で実証実験。ただ政府は「同社製品にリスク」と見解
日　本	×	ソフトバンクとファーウェイなど一部で実証実験中
イタリア	△	ファーウェイなど一部で実証実験中
インド	△	ファーウェイの実証実験許可も流動的
オランダ	○	ZTEが実証実験中
カナダ	△	政府高官「中国勢の排除は必要ない」と表明

（注）×は排除、△は流動的、○は受け入れ
（出所）各社発表をもとに日経が作成、川上尚志、「日本経済新聞」2018年11月27日を筆者が一部修正。

３　米中デジタル多国籍企業と投資ファンド

では、グローバルなスマートフォン市場は、どのような状況にあるのか、分析しよう。

２０１８年はじめ、ファーウェイは、アップルを追い越し、世

図　中国デジタル多国籍企業によるスマートフォン支配

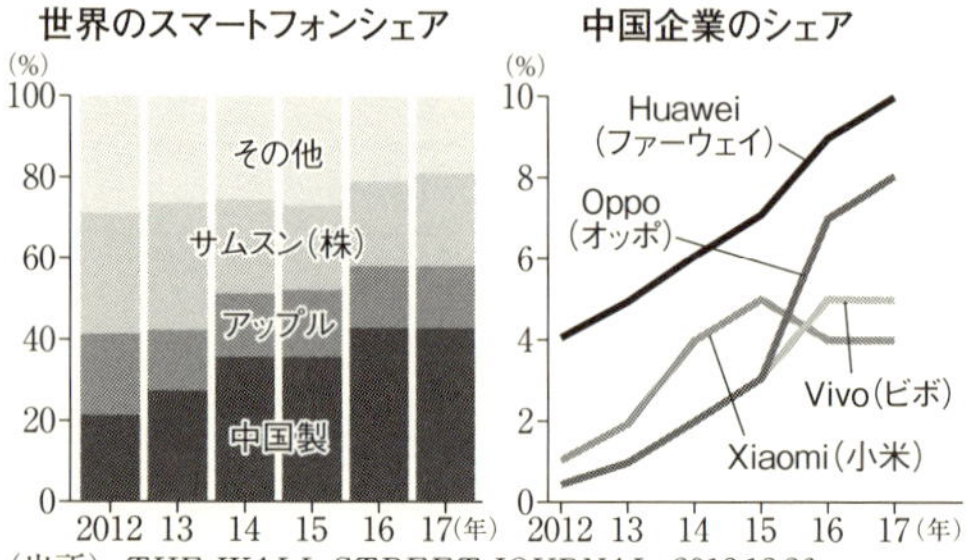

（出所）*THE WALL STREET JOURNAL.* 2018.12.26

界のスマートフォン販売で世界第2位となった。１位は、韓国のサムスン電子であった（**図**を参照）。ファーウェイＰ20の特色のあるデバイスは、安売りの中国製という、旧来からのイメージを一新するのに役立った（WSJ, December 26, 2018）。

アップルのiPhoneは、中国市場では競争力を失っている。これに対して中国のライバル企業たちは、人気のある特色を打ち出してきた。２０１０年ごろ、中国市場で販売第1位であったアップルは、現在、第5位に転落した。この間、4社の中国国内メーカーが、人気を獲得し続けてきた。アップルは、この間、中国の消費者向けにターゲットを絞った特色を開発してきたにもかかわらず、市場シェアは停滞し続けた。中国のライバル企業は、ファーウェイ（Huawei）、オッポ（Oppo）、ビボ（Vivo）であり、これら後の2社は、ＢＢＫエレクトロニクス社に所有されている。これら4社は、ユーザーがうまく自撮りできるカメラ設計の人気のある特色を備えてきた（WSJ, January, 04, 2019）。

中国のライバル企業は、アップルよりも安い価格でスマホを売り出した。アップルは、中国で販売されるiPhone XR用に前年よりも大量の部品発注をしていた。しかし、それは、現在、過剰在庫を抱えることになってしまっている。iPhone XR（三つの最新モデルのうち最も低い価格帯）は、６４９９元（９４５ドル）でスタートした。比較すると、ファーウェイの競合モデルのメイト20は、最新のチップセット装備で２０１８年に売り出された。その価格は、３９９９元であった（WSJ, January, 04, 2019）。

こうした中国の競争環境は、新興国市場においても妥当する。アフリカの急成長するスマートフォン市場第１

位の企業は、アップルでもなければサムスン電子でもない。それは、トランシヨン（Transsion Holdings LTD.）である。トランションは、中国の得体のしれないメーカーのようだが、現地市場にターゲットを絞った特色のあるハンドセットを提供して消費者を獲得した。トランションの製品は、テクノ（Tecno）、アイテル（itel）、インフィニクス（Infinix）というブランド名で販売されている。トランションは、2種類のＳＩＭカード・スロットを装備したハンドセットを開発した。かれらの調査によると、人々は、お金を節約するためにネットワーク接続を中断するのを避けるために二種類のカードを持ち歩くのに気付いた、という（WSJ, June, 06, 2017）。

（1）中国デジタル多国籍企業の技術開発力の源泉

珠江デルタは、低コスト生産とハイテク技術を結び付けることにより多くの国内のスタートアップを誕生させてきた。とくに、北京を拠点としたシャオミ（Xiaomi Corp.）など少数の例外を除いて、20社以上を超えるスマートフォン・メーカーのほとんどが、この地域で技術的ノウハウや製造インフラストラクチャーに優れている（WSJ, June, 06, 2017）。

深圳は、ファーウェイ、ＺＴＥ、トランションの本拠地である。ＢＢＫエレクトロニクス社は、よく知られているオッポ（Oppo）、ビボ（Vivo）などのスマホ・メーカーの親会社であり、ＴＣＬ社とともに、北へ60マイル以内にある。深圳は、変動の激しい市場であって、２０１５年に中国第1位の電話器メーカーのシャオミ（Xiaomi）が、２０１６年には第5位に転落したことに示されている。戦いは、価格設定と差異化という点で競争的であり続け、深圳は戦場、といわれる。かつては、西欧の技術的巨大企業のための契約生産（contract manufacturing）のハブにすぎなかったが、この地域は、低コストの生産とハイテク技術を結び付けることで多数の国内のスタートアップを輩出してきた（WSJ, June, 06, 2017）。

しかしながら、中国のライバル企業が、かれらのスマホにはるかに多くの米国製のチップを用いるのに対して、ファーウェイは、同社自身の進んだ技術を開発している。巨額な開発予算が意味するところは、ファーウェイは、同社自身の先進技術を開発している、ということである。ハイシリコン（HiSilicon）は、同社のチップ設計会社であるが、世界で第7位の規模である。ファーウェイのP20スマートフォンの最上級ラインのなかの半導体部品のごくわずかな部分が米国製であるのにすぎない。が、これに対してライバル企業は、彼らのスマホにははるかに多くの米国製のチップを使用している。ファーウェイのこの自信こそが、米国製部品への依存を削減しようという目的に向かって、いっそうの独自行動を取らせうるのである（WSJ, De-cember, 26, 2018）。

（2）中国デジタル多国籍企業を取り込む世界の投資ファンド

現在、アジアに投資するファンドは空前の規模となっている。カーライルは２０１８年6月、65億ドルのアジアファンド（日本除く）を立ち上げた。米欧の年金基金の投資意欲を裏付けるように、当初予定の50億ドルを上回った。米ブラックストーン・グループも6月にアジア・太平洋の企業と不動産に投資する２本のファンドで合わせて94億ドルの資金を集めた（「日経」18年6月25日）。

投資先の中心はインドや中国といった主要国である。中国では米ＴＰＧキャピタルやカーライルが２０１８年4月、百度（バイドゥ）傘下の金融サービス部門の買収を決めている。ヘルスケアを含めて技術革新が著しい新興ベンチャーへの投資が主流である。日本では米ベインキャピタル主導の日米韓連合が昨年、東芝メモリを約２兆円で買収することを決めた（「日経」18年6月25日）。

また、アジアのフィンテック企業への投資額が急増している。２０１８年のアジア太平洋地域への投資額は２98億ドルとなり、北米の2倍近くに膨らんでいる。金融インフラが未成熟なアジアでは手軽な送金などに強い需要があり、新興サービスが急速に広がっている。アクセンチュアがまとめた集計によると、全世界の18年の投資額は553億ドル。このうち54％をアジア太平洋地域が占めた（「日経」19年2月26日）。

国別で投資額が最も大きかったのは中国である。アリババ集団傘下の金融会社アント・フィナンシャルには、シンガポール政府系投資会社のGICやテマセク、マレーシアの国営投資会社カザナ、カナダ年金制度投資委員会（CPPIB）などが140億ドルを投じた。アント・フィナンシャル以下、企業別投資額の上位3位を中国企業が占めた。2位はインターネット検索最大手百度（バイドゥ）関連の金融サービス会社で43億ドル、3位はネット上で融資サービスを提供するLu. comで13億ドルとなった（「日経」同前）。

アクセンチュアは、アジア企業への1件当たりの投資額が大きくなっていると指摘する。アジア企業への投資額が急増したのは、その成長性だけでなく、新興国で普及した革新的な金融サービスを先進国に取り入れようとする動きが出ているためである。たとえば、ソフトバンクグループ系のソフトバンク・ビジョン・ファンドは17年にインドの決済最大手Paytm（ペイティーエム）に出資した。その後、ソフトバンクはヤフーとの共同出資会社PayPayで、Paytmの技術を生かし、QRコード決済に参入した、という（「日経」同前）。

このように、欧米の投資ファンド、機関投資家、年金基金、政府系投資会社など世界の投資機関が、中国BATをはじめとしたデジタル多国籍企業やスタートアップ、フィンテック企業に大規模な投資をしていた。このなかに、日本のソフトバンク・ビジョン・ファンドも投資に参加していた。中国のデジタル多国籍企業の技術開発を資金的に支えたのが、欧米の投資ファンドをはじめ世界の投資ファンドであった。しかし、BATと技術覇権を巡って対抗するGAFAに投資をしていたのもまた、米国の大手投資ファンドであった。このようにみると、米中の多国籍企業の技術覇権を巡る競争は、世界の投資ファンドや投資機関のデジタル投資を巡る競争でもあった。それゆえ、トランプ政権が追求する「新しい経済冷戦」は、世界の投資ファンドが追求する中国へのデジタル投資と利害対立することになろう。

おわりに――GAFAの経済支配の動揺が世界経済、日本経済に及ぼす影響

これまでみてきたように、GAFAの世界経済の支配構造が揺らいでいる。アップルの世界の経済支配の仕組みは、「ビジネス・エコシステム」とも呼ばれる。アップルのエコシステムとはiPhoneなどアップル製品の保有者に、音楽配信や決済などあらゆるサービスを提供し、囲い込む戦略を指す（「日経ヴェリタス」19年2月3日）。この「エコシステム」「ビジネス・エコシステム」は、アップルの高い経常利益と高い株式の時価総額（企業価値）を生み出す仕組みであった。これが、揺らいでいる。

アップルの「ビジネス・エコシステム」は、世界中から結集した最新技術を詰め込んで製品の魅力を高めてきた。2018年3月に開示したサプライヤーリストによると、約200社のうち台湾勢が約50社と最多で、技術力を高める中国勢も30社弱が名を連ねた。最終工程の組み立て工場はほぼ中国に集中している。中・台はアップル・サプライチェーン（供給網）の最重要拠点である。2018年9月の「iPhone XS」発売日から2019年1月30日の株価を比べると、TSMC（台湾半導体製造会社）は約15％下落した。組み立てを担う鴻海（ホンハイ）精密工業は24％下げた。またiPhone依存度が高い金属ケース大手の可成科技（キャッチャー・テクノロジー）は3割強下落した。中国でもパネルのガラスを担う藍思科技（レンズ・テクノロジー）が約2割下落。iPhone関連銘柄は軒並み不調となった（「日経ヴェリタス」同前）。

こうした株価下落は、中・台企業の経営状況悪化の反映でもある。中国中部、河南省鄭州市に鴻海が運営する世界最大のiPhoneの組み立て工場は2018年の秋、5万人規模の従業員を通常より2～3ヵ月前倒しで削減した。TSMCは今期の設備投資額を100億～120億ドル（約1兆900億～1兆3000億円）としていたが、

上限を110億ドルに下方修正した（「日経ヴェリタス」同前）。

このように、固定資本と資産節約型のアップルの「エコシステム」や「プラットフォーム」戦略は、アップルの売上高が成長するのではなく、停滞や減少を迎えたときには、設備投資や従業員雇用など固定費の削減負担を、自社でなく契約関係にある現地の台湾企業や中国企業に負わせる仕組みである。これは、言い換えれば、アップルの売上高成長期には、高い経常利益率とそれに基づく高い株式価格総額（企業価値）を独占するが、アップルの売上高が反転・停滞したときの固定費負担は、契約関係にあるサプライチェーンに押し付ける仕組みである。これは、GAFAに共通するグローバルな経済支配の仕組みである。

日本の電子部品メーカーも、アップル・ショックの影響は及んでいる。2018年にアップルが公表したサプライヤーリストによると、日本企業は約40社であった。2019年3月期の業績を下方修正したメーカーは、多数にのぼった。一方で、他の収益源で補い影響を最小限に食い止め、株価を上げたメーカーもあった。〝スマホ依存〟の度合いで明暗が分かれた。**表3**によると、村田製作所の2018年4～12月期の純利益が前年同期比40%増の1684億円であった。スマホ向けのコンデンサーは伸びが鈍ったものの、電装化が進む自動車向けが好調だった。2019年3月期通期見通しを維持、同社の株価は前日比8%高であった（「日経ヴェリタス」同前）。

脱スマホが、日本の電子部品メーカーの課題である。それは、GAFAの世界経済の支配構造からの脱却でもある。

表3　アップル向け製品を手がける日本の主な部品メーカー

	純利益増減率（18年4～12月期実績）	純利益増減率（19年3月期見通し）	株価騰落率
村田製	40%	44%	8%
ローム	26	34	−
TDK※	21	26	8
京セラ※	▲15	14	−
豊田合	▲29	8	−
積水化※	▲5	6	2
航空電子※	8	微増	▲2
住友化	▲18	▲3	−
日電産※	10	▲14	▲1
日東電※	▲24	▲16	▲2
デクセリ※	▲41	▲24	▲13
アルプスアル※	▲39	▲49	▲3
NOK※	▲37	▲52	3

（注）※は直近で業績予想の修正を発表した企業、株価騰落率は業績予想修正や決算発表の翌日の値動き。▲はマイナス

（出所）「日経ヴェリタス」2019年2月3日。

多国籍企業の財務構造と会計・税制

小栗崇資

はじめに

今日の巨大多国籍企業は、世界の資金フローに大きな影響を及ぼし、世界経済の動向を左右する存在となっている。ＵＮＣＴＡＤ（国連貿易開発会議）の「世界投資報告」（２０１８年版）は、上位１００社の多国籍企業による総売上高は、世界のＧＤＰ（国内総生産）の約10％に達していると述べている。[1] また、デジタルエコノミー化の進展の中で、急激に台頭しつつあるデジタル多国籍企業（ＩＣＴ多国籍企業ともいう）が、これまでのモノ作り企業とは異なる資金のフローをもたらしていることも論じている。

ラパヴィツァスは『金融化資本主義』の中で、多国籍企業が金融化の一端を担っていることを分析し、巨大多国籍企業が資金の大部分を内部留保から調達するとともに、金融業務および金融取引のスキルを独自に開発するに至っていることを明らかにしている。[2]

本稿は、そうした多国籍企業がもたらすアメリカと日本における資金フローの変化を、財務構造の側面から検討し、それに対応する会計や税制の動向を明らかにするものである。

1　多国籍企業における財務構造の変化

「世界投資報告」によれば、多国籍企業上位100社の海外における資産、売上高、従業員数の全体に占める割合は、2016年から17年にかけて、売上高と従業員数がそれぞれ2・2ポイント、1・2ポイントと増加しているのにたいし、資産は1・4ポイントと減少している。それについて「報告」は、「資産の軽量化傾向」(〝asset-light〟trend)と呼んでいる。(3)

それには上位100社における業種の構成が関係しており、12年から17年の5年間に大きな変化が生じていることを**表1**が示している。

鉱物、石油採掘・精製と卸売・小売の業種が大きく減少しているのにたいし、製薬、デジタル、テレコムが増加していることが分かる。特にデジタル企業が7社から15社に倍化していることが特徴である。鉱物、石油採掘・精製と卸売・小売は、いずれも海外に生産設備や店舗などの多額の資産を保有する業種であるが、デジタル企業はインターネット・ベースの事業展開であることから、海外に子会社や支店などの資産を保有する傾向にはない。その結果、データ上は「資産の軽量化傾向」が進むことになる。デジタル企業は、海外資産をそれほど保有しなくても海外で売り上げを増加させることができるのである。

「世界投資報告」(2017年版)によれば、海外資産の割合と海外売上高の割合を対比した場合、その他製造業は海外資産が62%、海外売上高は71%であり、海外売上高／海外資産の比率は1・1倍となる。また100社の平均で

表1　多国籍企業上位100社における業種の変化

業種	2012年	2017年
鉱物、石油採掘・精製	19社	13社
自動車・航空機	13社	13社
製薬	10社	12社
電気・ガス・水道	10社	9社
卸売・小売	10社	6社
食糧、飲料、たばこ	9社	8社
デジタル	7社	15社
テレコム	6社	7社
その他製造業	12社	13社
その他サービス	4社	4社

(出所)UNCTAD「世界投資報告」2017年版。

図1　多国籍企業100社のキャッシュの源泉と使途

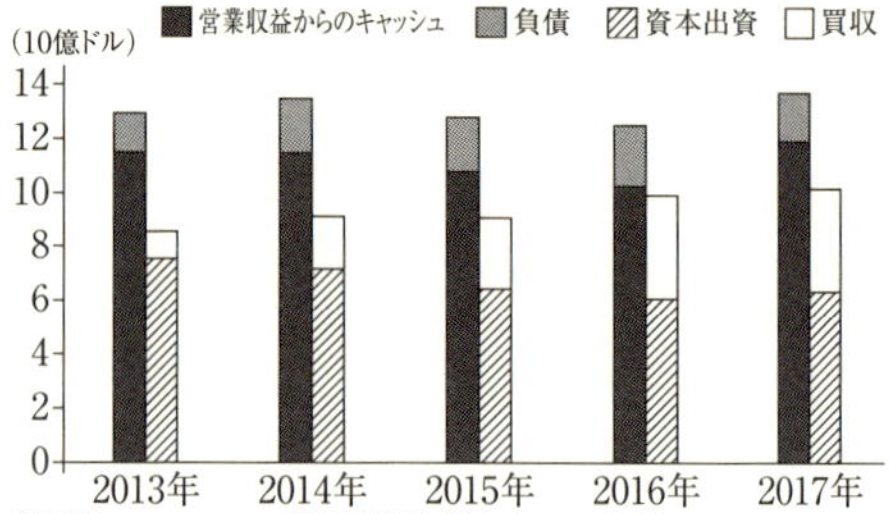

（出所）UNCTAD「世界投資報告」2018年版

は、海外資産62％、海外売上高64％であり、海外売上高／海外資産の比率は1・0倍となる。これが従来の多国籍企業の財務構造である。つまり海外に工場や店舗を置き、海外で売り上げを得るパターンである。海外資産と海外売上高は比例する関係にあり、海外資産と売上高は同じような割合となっていることが分かる。

他方、デジタル企業の場合は、海外資産が41％、海外売上高は73％であり、海外売上高／海外資産の比率は1・8倍となっている。少ない海外資産でもインターネット・ベースで海外での多額の売り上げを獲得しているのである。しかも多額の売上から得たキャッシュは設備投資等の資産に投下されることはないので、多額のキャッシュを保有することになる。100社の平均では、資産に占めるキャッシュの割合が推計で12％、有形固定資産の割合が46％であるのにたいし、デジタル企業では、キャッシュの割合は28％、有形固定資産の割合は37％となっている。従来の多国籍企業とはまったく異なる財務構造がデジタル企業において作られ、新しい資金フローの仕組みが形成されているのである。

キャッシュの使途についても変化が生まれている。**図1**は上位100社のキャッシュの源泉と使途の推移を示したものである。

2013年から17年にかけての5年間で、子会社設立や設備投資のための直接的な資本出資が減少する一方、M&A（合併・買収）の形態での企業買収が急激に増大していることが分かる。世界のM&Aの金額は18年1～8月に2兆9700億ドルとなり前年同期比で44％も増加しているのである。こうした現象は、企業内部に巨額の資金が積み上がっていることから生じている。世界の主要企業が抱える現預金は17年末で10・3兆ドルとなり、10

年間で2・5倍に膨らんだとされる[4]。また、デジタル企業が集中するアメリカは、2018年度には世界の純利益39％を占めるに至っている[5]。10年前には25％であったことから見れば、アメリカ企業に世界の資金が集中しているのである。

こうした点から、多国籍企業を中心に巨額の内部留保が世界的に形成される傾向にあるということができる。そうした内部留保は子会社や設備などの実体的投資に回ることなく、世界の設備投資は13年をピークに頭打ちとなっている。それに代わって資金は金融投資やM＆Aに投下されている。まさにそれは「企業の総ファンド化」（みずほ総合研究所）であり、その中心を担っているのが、デジタル企業である。デジタル企業は、世界経済においてデジタルエコノミー化を推進するとともに、経済の金融化も促進しているのである。そうした多国籍企業の財務構造の変化について、明らかにすることが必要となっている。まずアメリカのデジタル多国籍企業を従来型の多国籍企業と比較しながら分析し、そのうえで日本の多国籍企業について検討してみたい。

2　デジタル多国籍企業の財務構造

デジタル多国籍企業の中でGAFAと呼ばれるアップル、グーグル（持株会社名はアルファベット）、フェイスブック、アマゾンにマイクロソフトを加えた企業の財務構造を検討してみたい（表2参照）。それと比較するために従来型の多国籍企業についても見てみたい（表3）。

（1）金融資産や研究開発への投資

GAFA＋マイクロソフトの財務構造で特徴的な点は、金融投資比率が高く、有形固定資産比率がそれと比べて低いことである。

アップルはその差がはなはだしい。iPhoneやiPadなどを製造・販売するメーカーであるにもかかわらず、有形固定資産比率は11・3％の小ささである。設備投資のほとんどは建物とパソコンやインターネットの機器類が中心であり、まったく製造ラインを保有していない。よく知られているように、その製造についてはすべてアウトソーシング（外部委託）の形態をとっており、ほとんどを台湾・中国のアッセンブリー・メーカーに委託している。また多くのパーツや液晶画面は日本の部品メーカーのものが使われている。アップルが行っているのはiPhoneやiPadを機能させるiOSを中心としたプラットフォームの構築である。[6] アップルはメーカーでありながら、情報機器類を動かすコアとなるソフトウェアを提供しているにすぎない。

同じことはアマゾンを除く、グーグル、フェイスブック、マイクロソフトにもいえる。有形固定資産比率では、グーグルとフェイスブックはアップルやマイクロソフトより高いが、やはり建物と情報機器類が大半である。この2社についてはさらに多額の建設中の情報設備等があることから比率が高くなっていると思われる。

他方、アマゾンの有形固定資産比率が高いのは、独自の物流網の構築に投資していることによるものである。

表2　アメリカにおけるデジタル企業の財務構造
（2018年）　　（単位 億ドル）

	アップル	グーグル	フェイスブック	アマゾン	マイクロソフト
現金・現金同等物	259	167	100	412	120
有価証券・短期投資	404	924	311	0	1,218
売掛金	490	208	76	167	265
棚卸資産	40	11	0	172	27
流動資産合計	1,313	1,357	505	751	1,697
有形固定資産	413	597	247	618	295
無形資産	0	22	13	0	81
のれん	0	179	183	146	357
投資有価証券・長期投資	1,708	139	0	0	19
総資産	3,657	2,328	973	1,627	2,589
買掛金	559	44	8	382	86
流動負債合計	1,169	346	70	684	585
長期借入金	937	40	0	398	722
負債合計	2,586	552	132	1,191	1,761
資本金	402	469	429	268	712
利益剰余金	704	1,349	420	196	137
自己株式	0	0	0	18	0
資本合計	1,072	1,776	841	435	827
売上高	2,656	1,368	558	2329	1,104
売上原価	1,638	596	94	1392	384
売上総利益	1,018	773	465	937	720
研究開発費	142	214	103	288	147
営業利益	709	263	249	124	351
税引前利益	729	349	254	113	365
所得税	134	42	33	12	199
当期純利益	595	307	221	101	166
売上総利益率(%)	38.3	56.5	83.2	40.2	65.2
総資本当期利益率(%)	16.1	14.3	24.3	6.9	6.6
ROE(%)	49.5	18.6	27.9	28.3	21.4
有形固定資産比率(%)	11.3	25.6	25.4	38.0	11.4
金融投資比率(%)	64.8	52.8	42.2	25.4	52.4
研究開発費比率(%)	5.4	15.7	18.4	12.4	13.3
自己資本比率(%)	29.3	76.3	86.4	26.8	31.9
主要子会社数	9社	4社	30社	15社	8社

（注）いずれもデータベースにある各社の2018年財務諸表のデータから加工。
（出所）Mergent Online（データベース）

アマゾンは、世界に約２００（日本では15）の大規模物流拠点を設け、ネット通販を支配しようとしている。[7] さらに拡大は続いており、建設中の物流拠点は多額なものとなっている。

こうしたデジタル企業が従来と異なるのは、各国に子会社を拡大しようとはしていない点である。表３の従来型の企業と比べて、主要子会社数はアップル９社、グーグル４社というように非常に少ない。メーカーであれば、ＧＭやＧＥのように世界に工場や支店を広げることが不可欠となるが、デジタル企業にはそのような方式は必要ではないからである。したがって領土を広げるような形の在外子会社への設備投資はほとんど行われていない。そうしたことも有形固定資産への投資が低くなる要因となっている。

設備投資に代わって行われているのが金融資産への投資や研究開発への投資である。現金・現金同等物に短期・長期の投資を加えたものが金融資産である。投資先からの利息や配当、売却益によって金融収益を得ることができる。総資産に占める金融資産の比率を金融投資比率とすると、アップルの64・８％を筆頭に、グーグル52・８％、マイクロソフト52・４％、フェイスブック42・２％といずれも非常に高い比率となっている。それと比較するとアマゾンは低く見える

表3　アメリカにおける従来型企業の財務構造
（2018年）　　（単位 億ドル）

	GM	GE	ボーイング	エクソン・モービル	ウォルマート
現金・現金同等物	268	350	76	30	68
有価証券・短期投資	0	338	9	0	0
売掛金	334	199	144	247	56
棚卸資産	98	193	626	190	438
流動資産合計	753	1,080	878	480	597
有形固定資産	388	507	126	2,471	1,077
無形資産	0	182	34	0	0
のれん	56	596	78	0	182
投資有価証券・長期投資	92	0	0	322	0
総資産	2,273	3,091	1,174	3,462	2,045
買掛金	223	172	129	271	461
流動負債合計	822	692	816	571	785
長期借入金	731	952	107	205	368
負債合計	1,885	2,781	1,170	1,544	452
資本金	256	362	117	153	29
利益剰余金	223	931	559	4,217	851
自己株式	0	839	523	2,256	0
資本合計	389	310	3	1,918	808
売上高	1,470	1,216	1,011	2,902	5,003
売上原価	1,330	959	815	1,929	3,734
売上総利益	141	257	196	974	1,269
研究開発費	0	0	33	0	0
営業利益	44	−173	118	317	204
税引前利益	64	−201	115	310	151
所得税	5	6	11	95	46
当期純利益	80	−224	105	208	99
売上総利益率(%)	9.6	21.1	19.4	33.5	25.4
総資本当期利益率(%)	3.6	−6.5	10.0	6.0	4.9
ROE(%)	21.7	−47.0	3014.4	11.0	12.7
有形固定資産比率(%)	17.0	16.4	10.8	71.4	52.7
金融投資比率(%)	15.8	22.3	7.3	10.2	3.3
自己資本比率(%)	17.1	10.0	0.3	55.4	39.5
主要子会社数	186社	160社	20社	164社	14社

（注）いずれもデータベースにある各社の2018年財務諸表のデータから加工。
（出所）Mergent Online（データベース）

が、表3の従来型の企業と比べれば、それらより高いことが分かる。なぜこのような高い比率となるかといえば、従来型のような子会社や製造設備への投資を必要としないからである。また必要な設備投資をはるかに上回る資金が収益となって入ってくるからでもある。アップルは、あまりに高い金融投資比率への批判を受けたことで、その後その資金を約1000億ドルの自社株買いに回している。それはまたそれで、ROE（自己資本利益率）を押し上げる効果をもつことになる。

あり余る資金はまた、研究開発にも投じられている。売上高にたいする研究開発費の割合を見ると、フェイスブック18・4％、グーグル15・7％、マイクロソフト13・3％、アマゾン12・4％とアップルの5・4％を除いて、10％台の多額の研究開発投資が行われている。アップルはある意味で、ビジネスモデルが成熟してきており、現局面では研究開発への新規投資が鈍化しているよう見えるが、他の企業は、AI（人工知能）やロボット、自動運転、無人コンビニ、住宅用デバイス等の開発に多額の資金が投じられている。

さらに、M&Aにも多額の投資がなされている。アップルを除く他の企業はM&Aによって急拡大を遂げてきた。よく知られたところでは、グーグルが半導体メーカーのモトローラや動画共有アプリのユーチューブなどを買収、フェイスブックが写真共有アプリのインスタグラムやメッセージ交換アプリのワッツアップなどを買収している。企業買収の多くは企業を高く買い取ることになるので、高くなった金額の分が「のれん」となる。表2には多額の「のれん」が計上されており、資産に占める割合はフェイスブックの18・9％からグーグルの7・7％まで高い比率となっている。

このように、デジタル企業では共通して、金融資産、研究開発、M&Aへの投資が活発に行われているといえる。豊富な資金が金融投資を軸に回っていると見ることもできる。まさにこうした企業によって、デジタル化と金融化が一体となって促進されているのである。

（2）高い収益力

こうした投資の源泉となっているのが高い収益力であり、稼得した多額の利益が様々な投資先へ投下されている。デジタル企業に特徴的なことは、売上総利益率が非常に高いという点であり、アップル38・3％、グーグル56・5％、フェイスブック83・2％、アマゾン40・2％、マイクロソフト65・2％となっている。モノづくり企業のような原材料を必要とせず、売上原価を抑えることができた結果である。

またROE（自己資本利益率）も高くなっている。アップルの49・5％は異常に高い比率である。多額の利益を生む構造があるにもかかわらず、さらに長期借入金により自己資本比率を下げることによりROEを高める方策が使われている。ROEの分母の自己資本を小さくすれば比率を上げることができるというレバレッジのテクニックである。アップルの自己資本比率29・3％は、グーグルの76・3％、フェイスブックの86・4％と比べてかなり低いが、それは社債を中心に多額の長期借入金があるからである。アマゾンやマイクロソフトも長期借入金を保有することで自己資本比率を下げる方策が同様にとられている。その結果、やはり20％台の高いROEを維持している。他方、グーグルとフェイスブックは、高い自己資本比率のままで、なおかつ高いROEを生んでいる。高い収益力があることから、レバレッジ策をとらなくても十分な比率を作ることができるからであろう。

デジタル企業は、スマートフォン、検索、SNS、EC（電子商取引）と収益の源泉は異なるが、インターネット・ベースのプラットフォームから莫大な収益を得ることでは共通したビジネスモデルに立っている。そこでは従来型の企業とは大きく異なる収益の仕組みが形成されている。こうしたデジタル企業が上記のような財務構造によって、世界経済に影響を及ぼそうとしているのである。

（3）従来型企業の財務構造

それと比べて、従来型の企業はかなり様相の異なる財務構造になっている。それぞれの企業ごとに違いがあるので一般化は難しいが、デジタル企業と比較すると、利益率は全般的に低くなっている。総資本当期利益率は、高くても10・0％（ボーイング）であり、ＧＥ（ジェネラル・エレクトリック）にいたっては赤字によりマイナスの比率となっている。ＲＯＥは各社まちまちであるが、ボーイングの３０１４・４％は異常である。これは、自社株買いにより自己資本比率を下げる方策によるものである。自社株を購入すると、その分、自己資本が減るのでＲＯＥを上げることができるからである。ボーイングは５２３億ドルの自己株式を保有することで、自己資本比率は０・３％という極端に低い数値となっている。そのためＲＯＥは３０００％台になっているのである。同じようなテクニックはエクソン・モービルやＧＥでも使われているが、ＧＥは赤字のためＲＯＥもマイナスとなってしまっている。ＧＭ（ジェネラル・モーターズ）も自己資本比率を低く抑えることで、ＲＯＥは21・７％の高さとなっている。これはアップルのような長期借入金の導入により自己資本比率を下げる方策が使われた結果である（ＧＥも同様）。

ＧＭとＧＥは、主要子会社を１８６社、１６０社と全世界に展開する典型的な多国籍企業であり、アメリカを代表する自動車と電機のメーカーであるが、かつてのような経営の勢いはない。有形固定資産比率が低くなっているのは、設備投資がこの間行われておらず、減価償却が進むことで金額が激減しているからである。以前にはあった研究開発も18年には行われておらず、発展していく要素を財務的に見出すことはできない。ＧＥはすでに電機メーカーとはいえず、この間は多角化の中で主として金融で収益を得る経営を進めてきた。それは金融投資比率の高さに現れているが、すでに2期連続で赤字となっており、見る影もない状態に陥っている。

ボーイング、エクソン・モービルは相対的に見れば利益率は高い。航空機製造は引き続き堅調であるが、石油採掘・精製は再生エネルギーへのシフトの中で今後の低迷が予想される。ウォルマートもＥＣ（電子商取引）にマーケットを奪われつつあり、当期純利益は４期連続で減少している。

このようにデジタル企業と従来型企業の財務構造に大きな差異が生じてきている。多国籍企業の中心をなす企業に大きな変動が生じていることは明白であり、そうした企業の入れ替わりによる財務構造の変化が世界の資金フローに大きな影響を与えているのである。

３　日本企業の多国籍化による財務構造の変化

（１）設備投資と金融投資の逆転

日本企業の多国籍化も急速に進んでいる。「世界投資報告」（２０１８年版）によれば、日本の対外直接投資は２０１６年には１４５０億ドルで４位であったが、２０１７年にはアメリカに次いで２位となり１６００億ドルに上昇している。

日本企業の多国籍化の特徴は、国内での投資を減らしながら、海外への投資を急激に増加させている点である。日本企業は、国内市場を捨てて、海外に活路を見出そうとする傾向を強めている。そうした動向を法人企業統計のデータから確認することができる。

図２は、資本金10億円以上（約５０００社）の大企業の設備投資と子会社・金融投資等の推移を示したものである。

図2　設備投資、金融投資、利益剰余金、自己株式の推移

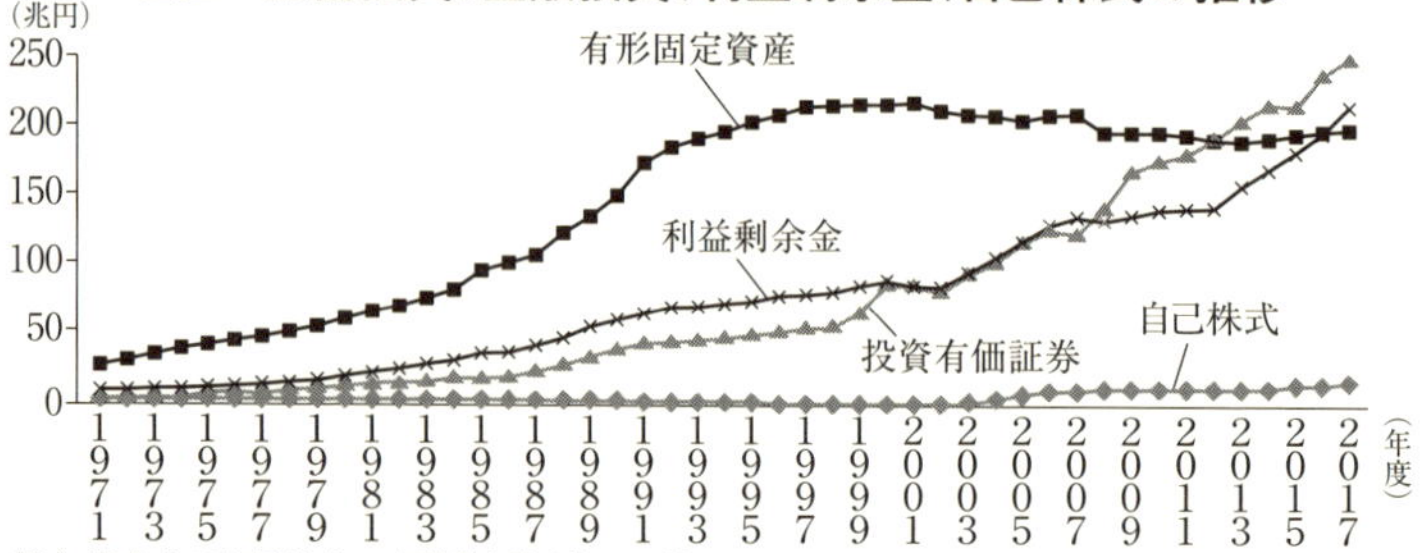

（注）資本金10億円以上の金融業を除く約5000社のデータ。
（出所）財務省「法人企業統計」各年度版

法人企業統計では、投資有価証券の中に子会社株式と投資目的の株式や社債とが含まれていて、区別することができないが、子会社投資もそこからの配当を得るという意味で、広い意味で金融投資と見ることができる。また自己株式も金融投資と考えられる。法人企業統計は単体の会社のデータなので、企業グループの状況は反映されない。したがって子会社でどのような資産が運用されているかを見ることはできず、特に海外での子会社投資の動向をつかむことはできない。投資有価証券の増減に子会社の設立の動向を読み取るしかないという問題はあるが、そうした点を前提にして、図2を見ると次のような特徴が明らかとなる。

まず有形固定資産であるが、２００１年に２１８兆円のピークに達して以降減少し、17年には２００兆円にまで落ちている。このデータは国内の状況を表しているので、大企業の国内での設備投資は減少し続けているということができる。他方、投資有価証券は２０００年から急激に上昇しはじめ、２０１２年には有形固定資産を上回って逆転し、17年には過去最高の２５２兆円となっている。また自己株式の取得も２００４年から始まり増大している。そこには急激に膨らんだ内部留保（利益剰余金）が投じられている。

２０００年を前後して、投資は設備投資ではなく、子会社投資と金融投資に向かっているのである。しかも子会社投資の多くは海外で行われていると推測される。もし国内で子会社投資が行われていれば、そこで設備投資が行われるので、国内の有形固定資産全体は減少しないはずである。しかし全法人企業（約２８０万社）で見ても98年に499兆円のピークを迎えて以降、有形固定資産は減少し続けており、国内での子会社投資の跡は見られない。国内経済は設備投資面では縮小の局面となっていることが分かる。つまり、**図2**には、日本の大企業の多国籍化の動向が反映されているのである。

金融投資が拡大する点はアメリカの多国籍企業と共通するが、海外への子会社拡大へと向かうのはアメリカの従来型多国籍企業がたどった道である。その意味で日本にはデジタル型多国籍企業はまだ多くはないといえる。

（2）海外への投資動向

海外での投資動向を見るには日本銀行の対外投資データが必要となる。[8] **表4**と**表5**は、日本の対外直接投資残高と対外証券投資残高の上位10ヵ国を示している。出資が10％以上のものが直接投資で、10％未満のものが証券投資となる。

表4には、多国籍化していった日本企業の進出先の国々が示されている。10年前には10位に入ったのは、アジアでは中国（3位）、タイ（6位）、韓国（9位）の三つだったが、2017年にはシンガポールとインドネシアが入り、10位のうちの半分を占めるに至っており、日本企業の多国籍化がアジア地域に向かっていることが明らかとなる。

この中で注目すべきは、オランダとケイマンである。オランダはEUの中のアイルランドと並ぶ軽課税国であり、欧州においては多くの多国籍企業の金融子会社が置かれていることで知られている。ケイマンはカリブ海に浮かぶ国であり、タックス・ヘイブン（租税回避地）の中核的

表4　日本の直接投資残高

（単位 億円）

順位	国名	金額
1	アメリカ	542,595
2	イギリス	170,197
3	中国	132,059
4	オランダ	128,019
5	オーストラリア	77,542
6	タイ	69,429
7	シンガポール	66,576
8	ケイマン	41,640
9	韓国	41,312
10	インドネシア	34,309

（注）2017年の対外直接投資残高を表示。
（出所）日本銀行「国際収支統計」。

表5　日本の証券投資残高

（単位 億円）

順位	国名	金額
1	アメリカ	1,244,985
2	ケイマン	558,332
3	フランス	252,265
4	イギリス	210,676
5	ドイツ	197,991
6	オランダ	146,435
7	オーストラリア	140,455
8	ルクセンブルク	109,564
9	カナダ	58,405
10	イタリア	56,244

（注）2013年の対外証券投資残高を表示。2014年以降は作成されていない。
（出所）日本銀行「国際収支統計」。

存在である。マネーロンダリング（資金洗浄）対策やテロ資金対策のための国際機関であるFATF（金融活動作業部会）によって、ケイマンは金融犯罪の温床となる15ヵ国のうちの一つにあげられている。悪名高いケイマンに日本企業の子会社は集中しており、オリンパスなどの粉飾事件の舞台となっている。(9) 日本企業の直接投資のかなりの部分がこうした軽課税国やタックス・ヘイブンにたいして行われているのである。

さらに表5の証券投資先を見ると、ケイマンはアメリカに次いで2位となっている。

直接投資と証券投資を合計すると、ケイマンへの投資額は56兆2500億円に達し、1位のアメリカに続き2位の位置にある。またオランダも3位のイギリスについで4位となっており、27兆4500億円もの投資がなされている。こうした投資が生産や販売のための子会社投資でないことは明らかである。ケイマンとオランダへの投資の総額は日本全体の対外投資の約16％にも及ぶものとなっている。日本企業の多国籍化は軽課税国やタックス・ヘイブンを使った租税回避を伴うものとなっているが、実態は明らかではない。タックス・ジャスティス・ネットワークが毎年、発表している金融秘密度指数では、日本はワースト13位となっている。(10) パナマ文書で有名になったタックス・ヘイブンの一つパナマが12位であるので、日本の秘密度はタックス・ヘイブン並みである。ケイマンはワースト3位であり、日本の多国籍企業の金融秘密は進出先ケイマンと日本本国に隠されているといっても過言ではない。

（3）収益構造の変化

投資構造が設備投資から金融投資へと移動するにしたがって収益構造も大きく変化してきており、それは日本企業の多国籍化と密接に関連している。図3は営業利益と経常利益、当期純利益、その他の包括利益の推移を示したものである。

営業利益は本業からの利益であり、経常利益は営業利益に金融投資からの収益や負債への利息などの費用を加減算したものである。当期純利益は経常利益に特別利益・損失を加減算した利益から法人税等を差し引いた最終利益である。「その他の包括利益」は長期の金融投資（投資有価証券など）の評価損益や退職給付の変動等を示すものであり04年度から導入されている。

図3　営業利益、経常利益、当期純利益、その他の包括利益の推移

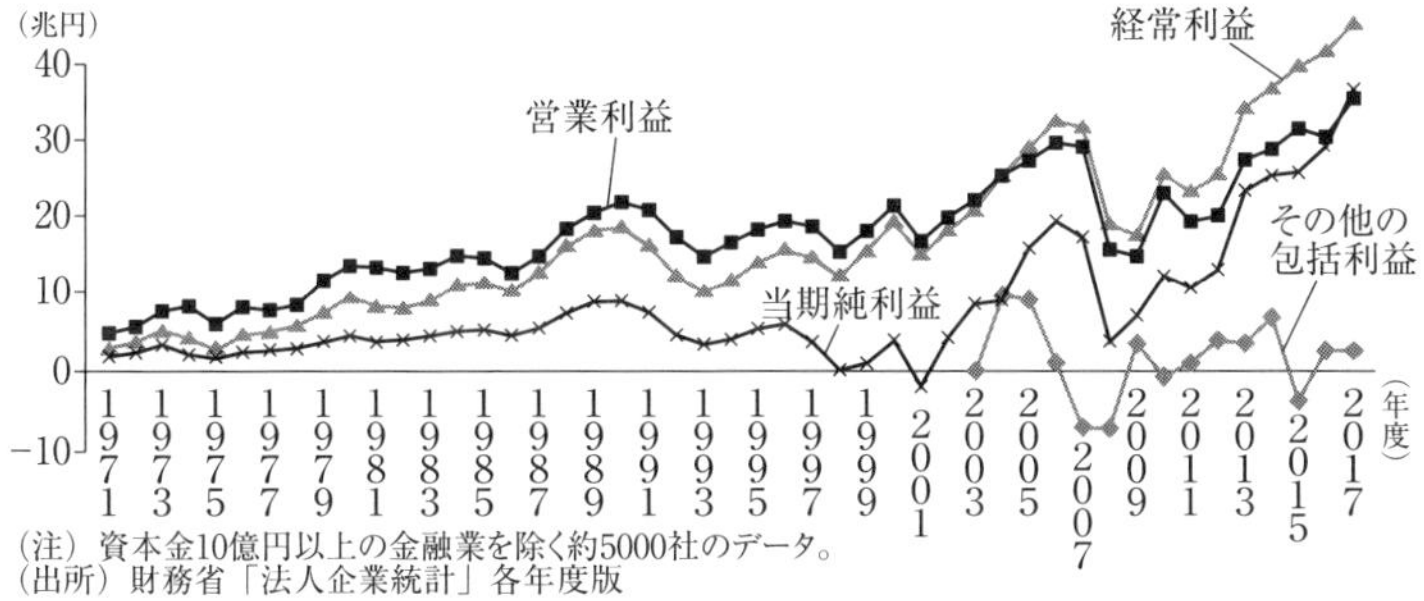

（注）資本金10億円以上の金融業を除く約5000社のデータ。
（出所）財務省「法人企業統計」各年度版

図３の特徴は、90年度末のバブル崩壊以降、低迷していた諸利益が01年度から急上昇している点である。その上昇はいったん08年のリーマンショックで落ち込むが、再び10年度から上昇に転じ、今日まで急角度で上昇してきている。もう一つの特徴が、04年から本業の営業利益よりも経常利益の方が大きくなっているという点である。それまでは負債にたいする支払利息が多いため経常利益は営業利益を下回っていたが、04年以降は金融投資から生じる受取配当や受取利息の方が多くなり、経常利益が大きく伸びる結果となった。経常利益と営業利益との差は開き続けている。特にその中心は海外子会社からの配当である。ここに日本企業の多国籍化がもたらす収益構造の変化が現れている。

本業の営業利益も増えているが、その主因となったのは人件費（従業員給付）の削減である。人件費のカットにより利幅を増やしているのである。人件費は２００１年がピークでそれ以降、減少したままである。１人当たり給付は01年度に７６４万円であったが、連続して低下し15年度には６７５万円という過去25年間の中での最低を記録している。17年度には少し回復して６９５万円になったが、依然として01年度の水準には及んでいない(11)。

また純利益の増加には法人税減税も作用している。増大した利益は、**図2**にあるように、巨額の内部留保となって積み上がっている。大企業の内部に膨大な富の蓄積がなされ、それらが企業の多国籍化と金融化を推進する源泉となっている。このように多国籍企業化が進むことによって日本企業の財務構造は大きく変化してきているのである。それが政府の新自由主義政策と相まって、日本経済の構造を国内経済の低迷と格差拡大への方向へと変質させていっているのである。

4　多国籍化にたいする会計と税制の動向

（1）国際会計基準の影響

以上のような財務構造の変化は日本における国際会計基準の導入と密接に関連している[12]。例えば、子会社投資の拡大は、連結会計の本格的な適用が一因となっている。それまでは企業グループの業績を示す連結財務諸表は証券市場でのディスクロージャーの補足情報に過ぎなかったが、２００１年以降は連結財務諸表が主要情報となり、親会社の単体財務諸表が補足情報となった。経済のグローバル化の影響のもとで、企業グループの拡大、とりわけ海外への展開を国際会計基準が後押しする形となっている。

金融投資にたいする時価評価会計も国際会計基準の導入の一環である。**図3**の中の「その他の包括利益」は、長期の金融投資の評価損益を表すものであるが、04年度からの導入後、企業の成果を示す新たな指標となっている。大企業の投資が金融投資へと傾斜する中で、そうした投資の含み損益を評価損益として示す金融商品会計は、経営者の資産運用の能力を表す役割をしている。モノ作りの場合は営業利益や当期純利益に企業の努力の成果が現れるが、今日ではメーカーにおいても多くの金融投資が行われており、経常利益やその他の包括利益が投資家の意思決定において重要視されるようになってきているのである。

また自社株買いの盛行も、国際会計基準の導入によってもたらされたものである。それまでは自社株は資産に計上されていたが、国際会計基準では資本から差し引く処理に変更となった。アメリカの多国籍企業の節で見たように、自社株買いはROEを押し上げる効果を得ることができる。最近では多くの企業が自社株買いに走っており、図2に示されるように、17年度には自己株式は17兆円にまで増大している。このように大企業の財務構造の変化には国際会計基準が大きく関わっているのである。

(2) 多国籍企業の税逃れにたいする税制

さらに多国籍企業の財務構造と深く関連するのは税務である。多くの多国籍企業は先に見たように軽課税国やタックス・ヘイブンへ子会社を置くことによって、租税回避を行っている。例えば、アップルなどのデジタル企業はダブル・アイリッシュ・ダッチ・サンドウィッチという手法でアイルランドとオランダの軽課税国を使って税逃れをしていることが、アメリカ上院の調査委員会によって暴露されている[13]。それ以降もアイルランドが使われており、アップルは主要子会社9社中4社、グーグルは4社中1社、フェイスブックは30社中6社がアイルランド子会社となっている。そうした租税回避の結果、GAFA4社の実際税率の平均は（2018年）は13・5％の低さとなっている。

こうした多国籍企業の税逃れによりタックス・ヘイブンに隠された富は、世界のGDPの3分の1にものぼるとされており、タックス・ヘイブンによる税源浸食問題は世界経済の発展にとって解決すべき最重要課題の一つとなっている[14]。

2012年6月のメキシコ・サミットではこうした問題が取り上げられ、その後のG20蔵相会議によってOECD（経済協力開発機構）にたいしてレポート作成が求められた。そうした要請を受け、OECDは調査研究プロジェクトを開始し、2015年10月に最終報告書の発表に至った。それが「税源浸食と利益移転」（Base Erosion and Profit Shifting、略称BEPS）である。BEPS報告書は、多国籍企業の税逃れにたいする対応の遅れを取り戻すための抜本的改革を意図したものである。従来のような租税回避を半ば容認する段階から見れば、規制力の強い画期的なものとなっている。報告書は、中国やインド等の途上国を含むG20各国に関連法制の整備を義務づけており、すでにこれまで少しずつではあるが、法制化が行われてきている。2019年1月からは報告書の全面実施が求められる段階に入っている。

BEPSには15の行動計画が提起されている。①デジタル商取引への課税、②ハイブリッド・ミスマッチ（相違する二国間での租税の取扱い）の利用の解消、③外国子会社合算課税の強化、④租税回避のための支払利子利用の制限、⑤有害税制（パテント・ボックスなどの知的財産権への優遇税制）への対抗、⑥租税条約の濫用防止、⑦PE（恒久的施設）認定の人為的回避の防止、⑧～⑩移転価格と価値創造の一致、⑪BEPSの測定と分析手法の確立、⑫租税回避スキームの義務的開示、⑬移転価格についての文書化、⑭紛争解決メカニズムの効率化、⑮多国間協定の開発、の15の計画である。

この行動計画を実施するには広範な制度改革が必要となるが、その見通しは必ずしも定かではない。多国籍企業の租税回避を防ぐには、各国ごとではなく全世界的なユニタリー課税方式によって税源の漏れをなくす必要があり、G20だけでなく新興国・途上国や国連も加えた世界的な租税対策が求められるとされているが、未だ道半ばという段階である。情報の共有が不可欠であるが、秘密度指数は依然として高く、租税回避の実態はなお明らかではない。

まずはＢＥＰＳの具体化が求められねばならない。行動計画①のデジタル商取引にたいする課税の取組みも始まろうとしており、また⑬の移転価格についての文書化も日本では17年度から実施され、各国との租税条約の改訂も着手されつつある。

多国籍企業の租税回避をどこまで規制することができるか否かは、多国籍企業全体への規制とも関連して、各国および世界経済のあり方を左右する重要な課題となっているのである。[15]

〈注〉

（1）国連の貿易開発会議ＵＮＣＴＡＤ（United Nations Conference on Trade and Development）は毎年、「世界投資報告」（World Investment Report）を公表し、世界の多国籍企業の動向を分析している。テーマは、２０１７年がInvestment and the Digital Economy、18年がInvestment and New Industrial Policiesであり、本稿はそれらを参考にしている。

（2）ラパヴィツァス・コスタス（邦訳：斉藤美彦）『金融化資本主義―生産なき利潤と金融による搾取』日本経済評論社、２０１８年、47～48ページ。

（3）ＵＮＣＴＡＤ「世界投資報告」２０１８年版、28ページ。

（4）「日本経済新聞」２０１８年8月30日付。

（5）「日本経済新聞」２０１９年1月23日付。

（6）モサド・アレックス、ジョンソン・ニコラス（邦訳：藤原朝子）『プラットフォーム革命』英治出版、２０１８年。

（7）『週刊東洋経済』２０１８年12月22日号。

（8）日本銀行「国際収支統計」各年版（ＩＭＦ国際収支マニュアルにもとづく統計）。

（9）オリンパスは損失を隠すために、経営不振3社をケイマン籍のファンドから高額買収するなどしたが、そうした会計不正は２０１１年に明るみに出て、経営者が逮捕された。

（10）Tax Justice Network, The Financial Secrecy Index 2018.

(11) 小栗崇資「内部留保の社会的活用」『労働総研クォータリー』2018年秋季号。
(12) 小栗・熊谷・陣内・村井編著『国際会計基準を考える――変わる会計と経済』大月書店、2003年。
(13) 合田寛『タックスヘイブンに迫る――税逃れと闇のビジネス』新日本出版社、2014年、75ページ。
(14) 合田、前掲書、42ページ。
(15) 小栗崇資「多国籍企業の規制とグローバルスタンダード」丸山惠也編著『現代日本の多国籍企業』新日本出版社、2012年。

自動車産業の「ＣＡＳＥ」をめぐる競争と支配

小阪隆秀

はじめに

自動車産業はいま１００年に一度という変革の途上にある。ほぼ１００年前に、フォード自動車会社がベルトコンベアによる大量生産方式を実現して以来の変革ということになる。この現在の変革について、そもそも自動車を発明した独ダイムラー社の会長ディーター・ツェッチェ氏は、２０１６年10月のパリ・モーターショーの会場で「ＣＡＳＥ」（ケース）という言葉で表現した。「ＣＡＳＥ」とは、Connected（接続）、Autonomous（自動運転）、Sharing（共有）、Electric（電動化）の頭文字に基づいている。「ＣＡＳＥ」は１００年に一度といわれる自動車産業の「変革」のキーワードとなっている。

これら四つの領域は、グローバルな競争関係にある自動車企業やその関連産業の将来の存立ないし競争上の位置づけ（主導権あるいは支配をめぐる競争）に対してそれぞれ大きなインパクトを与えつつある。また、電子化・デジタル化という技術の特性によって相互に密接に関連していることから、その変革は広がりと深さをもちながら一気に進んでいくことが予想されている。この変革から目を離すと、例えば日本企業にとっては、ＧＡＦＡ（Google,Amazon.com,Facebook,Apple Inc）や５Ｇ（5th Generation）で取り残されたような状況に陥る可能性がある。あるいはまた、日系エレクトロニクス（電機・電子）企業のように、米企業と台湾・中国企業による水平分業の新しいビジネスモデルに敗北したようなことになりかねない。

そこで本稿では、「ＣＡＳＥ」のそれぞれの領域で今起きている「変革」の重要な要因に絞って検討し、日系自動車企業あるいは自動車産業がこれまでの成功のゆえにかえって見失いがちな新しいビジネスモデルの特質について論じることにする。

1　環境規制の強化と自動車のＥＶ化（Ｅ）

「ＣＡＳＥ」におけるＥ（電動化）であるが、今起きている変革を担う自動車として、ＥＶ（電気自動車）化は大きな流れとなっている。その理由として、外からの環境規制と内からの自発的な戦略転換があげられる。以下において、それぞれの内容について検討していく。

（1）外からの環境規制と環境対応車

ＥＶは電力を生み出す際の石炭・石油・天然ガス燃料の消費などを問わなければ、排出ガスを出さないクリーンなクルマである。だが、ＥＶ化そのものについては、過去にも何度かブームになったことがあったが、航続距離の短さなどから、ガソリンエンジンやディーゼルエンジンに及ばず、主流にはなりえなかった。

しかし、地球温暖化にともなう気候変動によって自然環境が大きく変化してきており、災害も増加してきた。もはや「不都合な真実」などと横目で見ておける状況ではなくなってきている。２０１５年から始まった国連のＳＤＧｓ（持続可能な開発目標）においても、その第13目標で「気候変動及びその影響を軽減するための緊急対策を講じる」ことが掲げられている。地球温暖化の重要な要因の一つに、ガソリンエンジンやディーゼルエンジンの排出ガス（CO_2やNO_xなど）があげられており、自動車企業に対する批判とともに、排出ガスの削減と環境への取り組みが強く求められるようになってきている。また、欧米ではもともと消費者の環境意識が高く、市場への公的な規制も近年急速に高まってきていた。

このような外からの規制に対して、自動車企業には高い環境性能のクルマの開発が求められている。それゆえ、環境対応車の開発は、自動車企業にとってブランドをかけた競争となっている。だが、ＥＶ化については、日産自動車や三菱自動車などの一部の企業による取り組みを除き、過去のブームの失敗からあまり乗り気になれる路線ではなかった。やはりガソリンエンジンやディーゼルエンジンの機能を改善し、排出ガスを削減するという従来の路線の延長線上での技術革新に開発努力を集中することが選択された。その先頭を切ったのがトヨタのＨＶ（ハイブリッド車）であった。このＨＶは、従来のガソリンエンジンを主力とし、電池で動くモーターを補助的に組み合わせた燃費効率の優れた環境にやさしいクルマであった。トヨタはさらに究極の環境対応車ともいうべきＦＣＶ（Fuel Cell Vehicle・燃料電池車）を開発し販売した。しかし、このＦＣＶは価格も高く燃料供給の水素ステーションというインフラも不十分であり、普及にはまだ多くの壁が立ちはだかっている。それに対してヨーロッパでは、独ＶＷ（フォルクス・ワーゲン）をはじめ多くの自動車メーカーはクリーンディーゼルの技術開発によって排出ガスを削減する方向に進んで行った。

しかし、このような開発方向とは大きく異なった、公的な政策が打ち出されてきた。具体的には、２０１８年に施行された米国カリフォルニア州のＺＥＶ（Zero Emission Vehicle）規制、そして２０１９年から実施される中国のＮＥＶ（New Energy Vehicle・新しいエネルギー車）規制などであり、その影響は着実に広がってきている。

アメリカと中国は世界の二大自動車市場であり、この両国だけで年間４５００万台以上のクルマが販売されている。ＺＥＶ規制は、クルマの販売台数に応じた比率で「排気ガスを出さないクルマ（ＺＥＶ）」を販売しなければペナルティを課すというものであり、そのＺＥＶに該当するものはＰＨＶ（プラグイン・ハイブリッド車）、ＥＶ、ＦＣＶである。だが、トヨタが先行していた環境対応車ＨＶは除外されていた。

また、中国のＮＥＶ規制は、ガソリンエンジンでは日米欧の先行企業に追い付くことは当面難しいために、新しいＥＶ市場で競争優位に立とうという上からの政策である。このＮＥＶに該当するクルマもＰＨＶ、ＥＶ、ＦＣＶであり、ここでもＨＶは除外された。このような「外からの規制」によって選択されてくるクルマは、必然的にＥＶということになる。

（２）内からの自発的な戦略転換

しかしながら、このような規制とは別に、ＥＶ化へと大きく舵を切ることになった重大な出来事があった。それは、２０１５年９月に発覚した独ＶＷのディーゼル排ガス不正ソフトウェアの問題である。ＶＷは、合計１１００万台に上るディーゼルエンジンに不正なソフトを組み込み、大気汚染物質の排出をごまかしていたのである。その後、他のヨーロッパのディーゼルエンジンメーカーも同様の不正を行っていたと疑われた。その結果、ディーゼルエンジンはトヨタのＨＶに対抗する環境対応エンジンとして戦略的に改善が進められてきたが、このディーゼルエンジン技術そのものへの大きな不信を生じさせ、開発に見切りがつけられることになった。

こうして、ＶＷ、ＢＭＷ、ダイムラーの独ビッグスリーは、２０１６年からＥＶ化へと大きく舵を切ることになった。ＶＷはこの年の６月に新中期経営計画「TOGETHER Strategy 2025」を発表し、２０２５年までに30車種のＥＶを販売することを宣言した。

これにともない商品企画と開発部門の大規模な組織改革に取り組んだ。ダイムラーは、すでに述べた２０１６年10月のパリ・モーターショーで「ＣＡＳＥ」概念を明らかにして、ＥＶシフトを鮮明にしている。これらは外からの規制ではなく、いわば内側からの自発的な戦略転換であった。これによってＥＶ化の流れは本流となった。この戦略転換によって、今後はＥＶにかかわる「業界標準」（デファクトスタンダード）で主導権を取るために、独ビッグスリーは国内の部品企業とも協調し連携しながらＥＶ化を推進してくる可能性が高い。これに対して、トヨタが外からの環境規制を強く意識して開発してきたＦＣＶは本流から外れることになった。

また、戦略車種であったＨＶも環境対応車のカテゴリーから外されており、トヨタは自社の戦略を大幅に見直さざるを得ないところに追い込まれた。もしそのまま戦略変更しなければ、グローバル市場での影響力を失い、「ガラパゴス島でのリーダー」になりかねない状況であった。そうなれば、日本のケイレツ企業や関係企業も同じ運命に引き込んでしまう可能性が高い。

トヨタは、緊急対応策の一つとして、２０１６年12月に社長直轄組織としてＥＶ事業企画室を設けて数人でスタートさせ、２０１７年10月時点で数十人規模にまで人員を拡大させている。またその他にも、ＥＶやモビリティビジネスにかかわる様々な企業との連携を広げている。豊田社長の言うこのような「仲間づくり」は、今後を見越した重要な対応策として位置づけられるだろう。以上のような経緯を経て、世界の自動車企業はＥＶ化へと足並みを揃えることになった。

（３）ＥＶ化におけるＩｏＴによる企業間連携

ディーゼルエンジンを基本とする路線をＥＶ化路線へと切り替える戦略を実現していくためには、裾野の広い自動車産業の構造を転換していくとともに、新たに他の業種の企業との連携を強化していく必要がある。このことは自動車メーカーにとって競争力の源泉となってきた企業間関係（ケイレツなど）の変化にかかわっているために、また国・政府にとって重要産業の産業組織上の大きな変化にかかわっているために、どうしても乗り越えていかねばならない課題であるということができる。これに対して、ドイツの場合には、国をあげてインダストリー4.0（第4次産業革命）としてＩｏＴ（モノのインターネット）化を推進しているところであり、ＥＶ化へと切り替えるための関連企業の構造転換にはそれほど大きな負担は生じない。むしろＩｏＴによって、関連する部品企業やＩＴ企業との間での連携を深め、協力関係を強めていくことができ、ドイツ企業の競争力水準を全体として引き上げる機会ともなっている。

それに対して、日本の場合、インターネットを通じて他社と繋がることは、そこから生まれる相乗効果のメリットよりも、磨き上げてきた自社の生産ノウハウなどの情報が外部に流出するというリスクの側面を警戒してしまう。トヨタの場合、これまでの「ケイレツ」は、カンバン方式などの目に見える物的な手段で緊密に連携されてきたが、関係企業間を結びつけてきたその根底には実は人があり、トラブルの解決などではむしろ人の働きが重要な役割を果たしてきた。それによって最高の生産効率を上げてきたという実績があるために、これまでのやり方を変えてもメリットはあまりない、と見られている。そのような成功体験のために、系列企業間や関連企業間へのＩｏＴ化に躊躇している。

そのために、「ＩｏＴへの取り組みから考えると、今後、独ＶＷがトヨタを競争力で上回るようになる。（生産ノウハウをデジタル化し）新興国の工場と知識を共有するなどの観点ではＶＷが先行している」（『日経ビジネス（Special Edition）』日経ＢＰ社、２０１５年、35ページ）という指摘がなされている。そして、このようなＩｏＴ化への取り組みに対する躊躇《ちゅうちょ》は、垂直的な分業関係を形成することで「成功」してきた日本の製造企業にとって、共通した現象であるということができる。

とはいえ、ＥＶ化を基本とした競争が世界の主要な自動車メーカーの戦略目標になったいま、どのようにして競争優位を形成していくのか、あるいは業界標準をどのようにして先行して形成するのか、ということが重要な課題になってくる。そのための指針となるものは、やはり「ＣＡＳＥ」であるということになる。

「ＣＡＳＥ」の四つの課題はそれぞれある程度独立した領域ではあるが、電気・電子化、デジタル化、ネットワーク化、ビッグデータのＡＩによる解析、などの点で相互に密接に関連し合っている。そして、これら四つの課題のなかで、クルマそのもののＥＶ化（Ｅ）が基本になっていることは言うまでもない。

2　自動運転（Ａ）とコネクテッド（Ｃ）におけるプラットフォーム

「ＣＡＳＥ」におけるＣ（接続）とＡ（自動運転）は、相互に密接な関連を持ちながら、新しい事業機会を創出してきており、今後さらに拡大していく可能性が高い。自動車メーカーや部品企業などの自動車関連企業はもとより、電気・電子企業、ＩＴベンチャーやソフトウェア企業、情報通信企業、ＡＩ（人工知能）関連企業やＧＡＦＡなどのハイテク企業など、これまでの自動車産業の外にあった業種の企業が参入してきている。そして、そこでどのようなビジネスモデルが新たに作り出されてくるのか、どのような企業が主導権を握ることになるのか、を巡ってしのぎが削られている。

ここでは、それらの企業間の競争状況を念頭に置いて、「自動運転」と「コネクテッドカー」（繋がるクルマ）について検討していくことにする。その際、さまざまな業種の企業を連携し効率的に調整していく仕組が「プラットフォーム」であり、それを主導する企業がプラットフォーマーであるということになる。

（1）自動運転の5段階とコネクテッドカー

自動運転については、ドライバーが全て操作するレベル0からドライバーの関与を全く必要とせず「システム」が全ての操作を行うレベル5までの5段階（レベル0を含めると6段階）に区分されている。レベル1では、システムが車線の逸脱を検知するステアリング操作、あるいは、先行車との距離を一定に保つスピードの加減速調整、のどちらかをサポートする。レベル2では、システムがステアリング操作と加減速調整の両方をサポートする（テスラ社のモデルSをはじめ、多くの自動車メーカーの新車に搭載されるようになった）。

レベル3では、システムが高速道路など特定の場所に限り交通状況を認知して運転にかかわる全てを操作し、緊急時にのみドライバーが対応して操作する（アウディ［Audi A8］が実現）。レベル4では、高速道路など特定の場所での操作はレベル3と同様であるが、緊急時はドライバーではなくシステムが全てを操作する（まだどの自動車メーカーも市販には至らないが、テスト走行段階での「成功」がベンチャー企業を含めていくつか報告されている）。レベル5では、システムが場所の制限なく全てを操作し、緊急時も対応する。運転手を必要とせずハンドルもない、完全自動運転である。

「自動運転」としてわれわれの生活スタイルの変革に大きな影響をともなってくるのはレベル4以上の段階からだと思われるが、一般道での実験走行の段階ではグーグルのグループ会社ウェイモ（Waymo）や中国のベンチャー企業ポニーai（Pony.ai）など幾つかの企業ですでに成功していると報じられている。レベル4とレベル5を、道路で一般走行として実現していくためには、現在実用化への移行過程にある5Gによる情報通信機能が必要になるといわれている。自動運転の「システム」の精度を上げるためには、クルマの内外で多様なセンサーを組み合わせて装備し、そこから得られる膨大なデータを瞬時に分析するＡＩ（人工知能）を駆使することがどうしても必要になる。その際の情報処理に５Ｇの持つ高度な能力である①超高速、②超低遅延、③多数同時接続、という三つの機能が欠かせなくなってくるのである。

次に、「コネクテッドカー」とは、自動車の外部とインターネットなどの通信手段によって繋がる機能を備えたクルマであり、常時接続可能な通信機器を搭載しているタイプとスマートフォンなどで繋がるモバイル接続タイプがある。常時接続タイプでは、走行時に生じる不具合や故障などを感知して未然に事故を防いだり、走行距離などを分析してメンテナンスの提案を行うことも可能になる。また、位置情報から精度の高い渋滞情報を入手したり、盗難の際のクルマ本体の追跡を可能にするなどの利点がある。あるいは、ドライバーの運転特性を分析して、その特性に見合った自動車保険を選定することも可能になる。モバイル接続タイプは、車載システムにスマホをつなぐことでさまざまなサービスを受ける仕組みであるが、これにはグーグルの「アンドロイドオート」やアップルの「カープレイ」がある。

「自動運転」にしろ、「コネクテッドカー」にしろ、これらがもつ機能が高いレベルで実現されていくためには、関連する様々な業種の企業の協力が必要になってくる。そして、すでに将来の成長市場を目指して多くの異分野企業が参入してきており、激しい競争が展開されはじめている。たとえば、ＧＡＦＡもこの領域での支配を虎視眈々と狙っている。

（２）自動運転・コネクテッドカーを支える技術

半導体の価格低下と機能の高度化が進展し、さまざまな領域でのデジタル化やインターネット接続が格段のスピードで展開されている。また情報通信技術の進歩によって、大容量のデータを高速で処理し送受信することが可能になり、クラウドでのデータ保存も容易になった。「デジタル革命」あるいは「ＩＣＴ（情報通信技術）革命」がいまも継続しているということができる。このような技術環境の中で、自動車の電装化は格段にすすんできている。

すでにこれまでにも、自動車の駆動系（エンジン、ブレーキ、トランスミッションなど）や電装系（エアコン、エアバッグ、パワーウインドウ、カーナビなど）にＥＣＵ（電子制御装置）とマイクロコンピューターが多用されてきたが、いまでは機械部品よりも多くの電気・電子部品やＩＴ機器から構成されるとともに、機能のデジタル化がさらに高度化している。いまや自動車はハードウェアよりもソフトウェアによって性能が左右されるようになっており、「クルマはソフトの塊」と表現されるほどである。自動運転車やコネクテッドカーが実現可能になってきたのは、そのような技術的基盤が拡充してきたからである。そして、電動化、自動運転化、コネクテッド化、またこの後で検討するシェアリングは、クルマをＩＴ機器に近づけ、ソフトウェアによって機能するある種の電化製品に近づけてきた。それを具体的に支える企業群として、リチウムイオン電池を供給する電機企業、さまざまなセンサーを作るハイテク企業、３次元地図作成の技術を持つ企業、高機能の車載半導体の設計・製造能力を持つ企業、ソフトウェア企業、ネットワークを設計する企業などがあり、国の内外を問わずいろいろな企業が、この新しいビジネスチャンスを求めて参入してきている。

これらの高度な技術ないし最先端の技術を持つ企業の登場は、裏を返せば、従来の自動車メーカーや部品企業では十分にカバーできない技術領域や部品領域が広がってきていることを意味している。それはまた、ＣＡＳＥという新しい変革によって新たな利益獲得と将来の成長が見込めるためでもあるが、企業間での主導権ないし支配をめぐる熾烈な競争の場を生み出すことにもなっている。いまは、企業間で陰に陽にさまざまな駆け引きが行われながら、どの企業が主導的なポジションを手中に収めるかという水面下での競争が展開されているところである。だが、既存の自動車メーカーが引き続き主導権を維持できる、という保証はほとんどないに等しい。というのは、新たに参入を図っている企業のなかにはＧＡＦＡのようなすでに世界の市場で強い競争力を形成している優れた技術力や潤沢な資金力を持つ企業も多い。これらの企業は、参入の当初から、支配的なポジションを取ることを戦略課題にしているのである。したがって、ＣＡＳＥを契機にして、自動車産業において新たな支配関係が生まれてくる可能性も高いと考えられる。

（3）自動運転・コネクテッドにおけるプラットフォームの形成と支配

従来の電装化は主にクルマの内部の機能（走る・曲がる・止まると安全性や快適性・利便性など）を向上させるためのものであった。それに対して、ＣＡＳＥで求められていることはクルマと外部環境との関係における電装化であり、とりわけ自動運転では多様なセンサーを組み合わせて外部からの情報を収集し、そこから得られた膨大なデータをＡＩによって瞬時に分析し、画像認識や画像処理してクルマを制御する必要がある。そのためには、極めて高度な機能を持った半導体を自動運転の「システム」の中に組み込まねばならない。現時点で、そのような高度な半導体の開発に成功している企業が、米国のエヌビディア、インテル、そしてクアルコムだといわれている。

これらの半導体メーカーは自動運転の頭脳部分を担うことになるが、エヌビディアの場合は画像処理（ＧＰＵ）に優れており、インテルはイスラエルのモービルアイを1兆7０００億円で買収してエヌビディアに対抗している。クアルコムはもともとスマホ用半導体で圧倒的な優位を形成してきたが、さらにオランダのＮＰＸセミコンダクターズを5兆1０００億円で買収し、それらの技術を自動運転の通信機能に活用しようとしている。そして、各社は将来の大きな収益源になると思われる自動運転で自らが優位に立てるようなプラットフォームの形成を企図している。

それに対して、完成車メーカーの側でも、次世代車をめぐる厳しい競争があるために、頭脳を握ろうとしている半導体メーカーの「デジタル」の知識と技術に依存しなければ次世代自動車そのものをつくることさえ難しい状況におかれている。Fast eat slow. といわれるように、もしこの競争に出遅れれば、利益獲得の機会を大きく損ない、自らのビジネスの存続も危うくなるために、いずれかの半導体メーカーと手を結ぶ必要がある。しかしながら、新しく出来つつあるプラットフォームでの主導権を失えば、得られる利益も大きく減少する可能性がある。そこで、自動車メーカーとしては、取引する半導体メーカーを特定の企業に限定せずに分散化を図っていくことになる。こうして、当面の間は、新しいプラットフォームでの主導権をめぐる駆け引きが繰り返されていくことになる。それがどのような帰結になるかはまだ見通しがたいが、いずれにしても、ここから協力と依存（支配）をめぐる新しい企業間関係が模索されていくことになる。

3　シェアリング（S）とMaaSプラットフォーム

ＣＡＳＥのＳはシェアリングであり、同じクルマを複数の人で共有して使う「カーシェアリング」とクルマに相乗りする「ライドシェアリング」がある。このライドシェアリングのビジネス領域には、ウーバー・テクノロジーズ（米国）、グラブ（シンガポール）、滴滴出行（中国）、オラ（インド）〔ソフトバンクグループはこれらの筆頭株主〕、そしてリフト（米国）などすでに大企業が生まれており、ＣＡＳＥの自動運転（Ａ）やコネクテッド（Ｃ）と結びつくことによって、さまざまな業界を巻き込んだMaaS（Mobility as a Service・モビリティサービス）という新しい競争領域が誕生しつつある。

MaaSとは、要するに、自動車、飛行機、鉄道、バス、タクシー（ライドシェア）、レンタカー、自転車など、さまざまな移動手段・機関を最適に組み合わせ、さらに関連する業種・サービスまで含めた予約・利用・決済などをワンストップで行えるサービスである。このサービスを提供するために交通情報（時刻表、運賃、運行状況など）、地図情報、関連事業・サービス情報をＩＣＴで一元的に管理できるようにしたものが「プラットフォーム」である。トヨタとソフトバンクが共同出資して設立（２０１8年10月）したモネ・テクノロジーズはその一つである。海外では、独ダイムラーが子会社として moovel（ムーベル）を設立し、フィンランドの MaaS グローバル社がアプリ Whim（ウィム）でサービスを提供している。

シェアリングによって自動車が私有から共有あるいは必要に応じた利用へとシフトしていくと、新車販売台数が減少するとともに、ウーバーなどのシェアリング企業が主要な買い手となり価格交渉力をもつようになってくる。それにともない、自動車メーカーの利益率が減少する。またシェアリング企業は、自動運転車を導入しコネクテッドによって外部のネットワークや MaaS と繋がることになる。自動運転車の走行にともない、利用者の走行履歴や利用目的などの顧客情報が大量に生まれてくる。その膨大な顧客データを収集しＡＩによって分析することで競争上の優位に立つことができる。ソフトバンクやトヨタが新興著しいシェアリング企業に投資する理由もそこにある。

外部のネットワークとの接続については、すでに述べたアンドロイドオート（グーグル）やカープレイ（アップル）のような車載システムとスマホをつなぐサービスを提供するＧＡＦＡのようなＩＴ企業がクラウドの中に情報を取り込み、それを基にネットワークにおける主導権を握ろうとしている。

このようなモビリティサービスがビジネスとして成長していく中で、どのような業種が主導権を握るかをめぐって、しのぎを削っているところである。ライドシェア企業に投資をしているソフトバンクＧの孫会長兼社長は「ＡＩを制する者は未来を制する」と述べ、ターゲットを絞り込んでいる。トヨタは２０１９年1月の米ＣＥＳ

（電子機器の見本市）で「クルマを製造する企業からモビリティサービスの企業に変わる」（豊田社長）と宣言し、自動車メーカーのビジネスモデルを変革する必要性があると強く示唆した。事実、トヨタはＩＴ企業、ソフトウェア企業、電気・電子企業、および同業の自動車メーカーとの合併・買収・連携を急速に進めている。これは、「規模の経済」を求めてのものではない。緩やかな連携による「仲間づくり」が目的であり、走行データなどのビッグデータや技術標準の主導権を取るためである。これによって、「支配」を維持しようとしているのである。

日本の自動車産業を代表するトヨタにおいても、「ＣＡＳＥ」のそれぞれの領域でいま起きている「変革」の中で、生き残りをかけた企業戦略をたてている。

おわりに

今起きている変革は、自動車産業に限定された領域でのことではない。モビリティサービスという広い領域で様々な業種がビジネスの機会をめぐって競争している領域である。自動車産業という領域に、新たに半導体、ＩＴそしてＧＡＦＡのようなテクノロジー企業が量と質をともなって参入してきている。これらの企業のビジネスの「スピード」は速い。そして、どの業種の企業も、自らの知識とノウハウと技術に基づいて形成するプラットフォームに他の業種の企業を組み込もうとしている。この競争に立ち遅れたら、すなわち有力なプラットフォームを形成されたら、その中で何とか存立を図って生き延びていかざるを得なくなる。Fast eat slow. である。それゆえ、どの企業も勝つか負けるかではなく、生きるか死ぬかの戦いを強いられている（トヨタの豊田社長の言葉）ということになる。このようなプラットフォームに基づいて関連産業全体の最適な関係を実現しようとするものが、新しいビジネスモデルになる。

ＣＡＳＥが目指していることは、ＥＶを効率的につくるための競争ではない。ＥＶをつくるだけならば、テスラを見れば分るとおり、それほどの年数をかけずに市場参入可能である。中国にもＥＶ企業は次々と生まれてきている。また、アメリカにテスラのライバルともいわれるスタートアップ企業リビアン・オートモーティブが誕生している。イギリスの家電メーカーのダイソンもＥＶ市場への参入を表明している。

過去に日本のエレクトロニクス企業は、技術力によってではなく、新しく生まれてきたビジネスモデルの持つ効率性のもとに敗北してきた、という苦い経験を持っている。今また同じような状況が、自動車産業のみならずさらに広い産業領域にかかわって、新しいビジネスモデルの形成をめぐる競争が展開されつつある。これは、リスクなのか、チャンスなのか、日本の技術力や構想力が問われている局面であろう。そして、それにともない問われていることは、人材への長期にわたる投資と教育の必要性である。

【参考文献】

①ＮＨＫスペシャル取材班『米中ハイテク覇権のゆくえ』ＮＨＫ出版、２０１９年5月
②大西勝明・小阪隆秀・田村八十一編著『現代の産業・企業と地域経済』晃洋書房、２０１８年5月
③香住駿『ＶＷの失敗とエコカー戦争　日本車は生き残れるか』文春新書、２０１５年12月。

グローバル・バンクの動向と今後の展望

中野瑞彦

はじめに

２００８年9月15日のリーマン・ショック発生以来、10年あまりが経過した。リーマン・ショックの原因となったサブプライム・ローンは、周知の通り米国の信用度の低い債務者に対する住宅ローンであり、これが証券化され販売されたことが、金融危機が世界的に拡散した原因であった。リーマン・ショックそのものは、２０００年代初頭、正確にはＩＴバブル崩壊後の米国の大幅かつ長期にわたる金融緩和と規制緩和がもたらした悲劇的な結末であった。サブプライム・ローンを証券化した金融商品は全世界で販売され、多くの金融機関や機関投資家は複雑な仕組みが理解できないままその金融商品を購入した。また、証券化ビジネスの中心に位置していた米国の投資銀行は、本来であれば組成した商品を外部に売りさばいてリスクを回避すべきだったが、現実には自らの収益確保のために抱え込み、結果的に大規模な損失を出すに至った。

米国はその後長期間にわたって低成長に苦しんだが、表面的には２０１６年ごろから景気が回復に向かい、米国連邦準備制度理事会（以下、ＦＲＢ）は２０１５年12月からフェデラル・ファンド・レート（ＦＦレート）の誘導水準を段階的に引き上げて、超金融緩和状態からの脱出のための地ならしを始めた。その後、２０１８年には

ＦＦレートの誘導水準を3回にわたって引き上げて超金融緩和状態から脱出した。ＦＦレートの誘導水準は、リーマン・ショック直後の0・00～0・25％から、２０１８年12月末には2・25～2・50％にまで上昇した[(1)]。この中で貸出金利が上昇して銀行の収益も回復基調を辿り、金融活動も再び活発化している。一方、欧州や日本では超金融緩和状態が続いている。欧州中央銀行は既に脱出を探り始めているが、日本は黒田日本銀行総裁の下で２０１３年4月に量的質的金融緩和政策を公表、２０１６年1月にマイナス金利政策を公表、同2月に実施、同9月にイールド・カーブ・コントロール付量的質的金融緩和政策を公表と、矢継ぎ早に新たな金融政策を導入してきたが、米国とは対照的に依然として超金融緩和からの出口の展望が見えない状況が続いている。

本稿では、こうした金融環境を前提に、多国籍銀行の現状がどうなっているのかを概観するとともに、多国籍銀行が急速に進展するＡＩ（人工知能）をどう経営戦略に取り込み活用しようとしているのか、その先に見える金融の世界はどのようなものになるのかについて検討する。

1　グローバル・バンクの収益動向

(1)　全体像

多国籍銀行については特に定まった定義はないが、一定の資産規模を持ち、本社機能を備える本国での活動にとどまらず世界レベルで金融業務を展開している銀行と定義して差し支えないだろう。近年では多国籍銀行（マルチナショナル・バンクあるいはトランスナショナル・バンク）という呼び名よりも、グローバル・バンクという言葉が定着している。本稿では、世界主要国の中央銀行や金融監督当局が参加する金融安定理事会（事務局は国際

表　グローバル・バンクの業績推移

		営業収益	（資金利益）	税前利益	最終利益	総資産	CET1比率
米国	（暦年）						
Citi	2016	70.80	45.50	21.48	14.91	1,792	12.6%
（10億ドル）	2017	72.40	45.10	22.76	15.80	1,842	12.4%
	2018	72.90	46.60	23.45	18.05	1,917	11.9%
JP Morgan	2016	95.67	46.08	34.54	24.73	2,491	12.4%
Chase	2017	100.71	50.10	35.90	24.44	2,534	12.2%
（10億ドル）	2018	109.03	55.06	40.76	32.47	2,623	12.0%
Bank of	2016	83.70	41.10	25.02	17.82	2,188	12.1%
America	2017	87.35	44.67	29.21	18.23	2,281	11.7%
（10億ドル）	2018	91.25	47.43	34.58	28.15	2,355	11.6%
欧州	（暦年）						
HSBC	2016	47.97	29.81	7.11	3.45	2,375	13.6%
（10億ドル）	2017	51.45	28.18	17.17	11.88	2,522	14.5%
	2018	53.78	30.49	19.89	15.03	2,558	14.0%
BNP Paribas	2016	43.41	22.38	11.21	8.12	2,077	11.5%
（10億ユーロ）	2017	43.16	21.19	11.31	8.21	1,952	11.8%
	2018	42.52	21.06	10.21	8.01	2,041	11.8%
UBS	2016	28.73	6.49	4.21	3.43	919	13.8%
（10億ドル）	2017	29.62	6.66	5.35	1.05	939	13.8%
	2018	30.21	6.03	5.99	4.52	958	12.9%
Deutsche	2016	30.01	14.71	−0.81	−1.36	1,591	13.4%
（10億ユーロ）	2017	26.45	12.74	1.23	−0.74	1,475	14.8%
	2018	25.32	13.19	1.33	0.34	1,348	13.6%
日本	（年度）						
三菱UFJ	2015	4,143	2,114	1,499	1,039	298,303	11.6%
（10億円）	2016	4,012	2,024	1,303	961	303,297	11.8%
	2017	3,854	1,907	1,409	1,096	306,937	12.6%
三井住友	2015	2,904	1,423	980	755	186,586	11.8%
（10億円）	2016	2,921	1,359	979	808	197,792	12.2%
	2017	2,981	1,390	1,109	838	199,049	14.5%
みずほ	2015	2,222	1,004	1,008	726	193,459	10.5%
（10億円）	2016	2,093	868	784	646	200,509	11.3%
	2017	1,915	807	800	608	205,028	12.5%

（注）1.営業収益=営業収入−営業費用。2.資金収益=資金運用収益−資金調達費用。3.税前利益=営業収益−人件費等経費−貸倒引当金（一般）。4.最終利益=税前利益−税金。

決済銀行）によって指定されたG-SIFIs（世界の金融システムにとって特に大きな影響力を与えうる金融機関）の中から米国3行、欧州4行、日本3行を採り上げて、その動向を考察することにする。いずれも世界中にネットワークを張り巡らし、伝統的な銀行業務だけでなく内外の子会社を使って証券業務や投資銀行業務などを展開している。このため中核の個別銀行の業績ではなく、連結ベースの持株会社の業績を分析対象とする。また、リーマン・ショックの影響により投資銀行の解体や再編が続き、個別銀行ベースではグローバル・バンクの全体像を把握できなくなっていることも持株会社を対象とする理由である。

表から明らかなように、各社とも総資産200～300兆円規模で金融業務を展開している。資産の具体的な内容は個々の会社の事業ポートフォリオによるが、各社とも概ね貸出、証券（国債、社債など）が中心を占めている。なお、資産配分については、個人金融部門に重きを置くCitigroup〔シティグループ〕（以下、Citi）やHSBCなどは、貸出のうち個人向け貸出の割合が約4割と比較して大きく、企業金融に重きを置く邦銀などは企業向け貸出の割合が大きくなっている。

銀行の健全性を示す自己資本比率のうち普通株式 Tier1 比率（ＣＥＴ１：Core Equity Tier1）〔ティアーワン比率〕については、国際決済銀行の第三次規制により各行とも12％前後の高い水準を実現している。[2] しかし、後述するように長引く金融緩和状態により収益が低迷しているため、高い自己資本比率は資本収益率（ＲＯＥ）の低下を招き、投資家の不満を募らせるジレンマに陥っている。

（2）米銀

米国ではリーマン・ショックの影響によってそれまでの投資銀行が商業銀行に吸収されるなり衣替えするなりしたが、ここでは旧投資銀行を除く旧大手商業銀行の収益動向を検証する。なお米銀の中から、国外リテール業務に積極的な Citi と、米国内業務に重点を置く JP Morgan Chase〔ＪＰモルガン・チェース〕、Bank of America（以下、ＢＯＡ）を採り上げる。

米銀は全体として復調している。営業収益は増加基調にあり、２０１８年は２０１６年比で Citi が３・０％、ＪＰモルガン・チェースが14・０％、ＢＯＡが９・０％の増収となった。その主因は景気拡大と金利上昇を背景とした貸出収益の増加である。この結果、各社とも最終利益は大幅な増益を実現しており、２０１８年は２０１６年比でそれぞれ21・１％、31・３％、58・０％となった。Citi の増益幅が相対的に小さいのは、サブプライム・ローン問題の影響をようやく払拭したばかりだからである。Citi は米銀の中で最大の損失を計上し、その後に不良債権の処理を迫られた。２０１６年決算、でようやく金融危機を惹き起こした子会社を切り離したという評価を得たところである。[3] これに対して、ＪＰモルガン・チェースはサブプライム・ローン問題で破綻した投資銀行ベア・スターンズを買収、ＢＯＡは同様に投資銀行メリル・リンチを買収し、ともに規模を拡大した。

上記３行のうち、以前から積極的にグローバル化を進めてきたCitiについて、その業務展開を見てみよう。

【Citi】

Citiはリーマン・ショック直後に米国政府から約１００億ドルの公的資金を受け入れるなど、米銀の中で最大の損失計上を余儀なくされた[4]。その原因は、同社の企業金融部門がリスクを過大に取り、子会社を通じて住宅ローン債権を大量に保有したことによるものであった。このため、Citiは再建に向けて企業金融部門を縮小し再編することが重要な課題となった。その結果、現在ではグローバル個人金融部門（以下、「ＧＣＢ」）、機関投資家金融部門（投資銀行部門と市場営業部門を含む）、本社部門の構成となっている。

Citiの２０１８年の業務別収益（売り上げ）構成を見ると、全収益のうちＧＣＢが46・４%、機関投資家部門が50・８%、本社部門が２・９%である。２０１６年に比べそれぞれ１・８%ポイントの上昇、２・９%ポイント上昇、４・４%ポイント低下している。リーマン・ショック前の２００６年決算を見ると、業務純益ベースでＧＣＢ部門（当時は「グローバル消費者部門」）が56%、企業金融部門（同、「投資銀行部門」）が30%を占めていた。この割合を見ると企業金融部門の比率がＧＣＢ部門に比べ相対的に小さいが、２００６年末時点の部門ごとのリスク資本の投下資本に対する比率を見ると、ＧＣＢ部門の０・47に対し企業金融部門は０・73であり、同部門のリスクの高さが明確となっていた[5]。この部門がリーマン・ショックによって大幅な損失を計上したのである。

Citiの中核をなすＧＣＢは、関連会社を含めて米国、メキシコ、アジアを中心に19ヵ国、１億１０００万人の顧客に金融サービスを展開している。その中でもデジタル・バンキングの提供に注力しており、モバイル機器によるCitiのサービス利用者は２０１８年に26%増加した。つまり、グローバルにデジタル・バンキングのサービスを提供することにより、他銀行に対し圧倒的な格差をつける戦略を展開している。ＧＣＢはグローバル・ファイナンス誌より、優秀モバイル・バンク賞と世界最優秀デジタル・バンク賞を受賞した。当然のことながら、モバイル・バンクは顧客にとっていかに迅速で便利なアプリケーションを提供するかにかかっている。そこでは従来型の対面店舗型のサービスは削減され、アプリ開発とネットワーク・メンテナンスが経営の重要課題となっている。後述するように、金融機関機能とりわけ銀行機能のデジタル化は、市場金融部門も含め避けられない状況となっている。

（3）欧州

欧州は、英国拠点のＨＳＢＣ〔ＨＳＢＣホールディングス〕、フランス拠点のBNP Paribas〔ＢＮＰパリバ〕、ドイツ拠点のDeutsche Bank（ドイツ銀行）、スイス拠点のＵＢＳ〔ＵＢＳ銀行〕を対象とする。全体として欧州の銀行の業績回復は遅れている。その原因は、第一に欧州債務危機の影響で景気低迷が続いていること、第二はマイナス金利政策の影響により貸出収入が伸び悩んでいること、第三は欧州域内のオーバー・バンキング状態により過当競争が続いていることである。

こうした中で、ＨＳＢＣの堅調が目立っている。２０１６年から２０１８年にかけて増収・増益を実現している。同期間の営業収益は４７９・７億ドルから５３７・８億ドルへと12・１％増にとどまったが、税前利益は71・１億ドルから１９８・９億ドルと２・８倍増、最終利益も34・５億ドルから１５０・３億ドルへと４・４倍増となった。もっとも、この原動力は後述するようにアジア地域での利益であり、欧州での損益は依然として赤字である。

一方、BNP Paribas〔ＢＮＰパリバ〕銀行はフランスを営業基盤としつつ、リーマン・ショックによって解体したベルギー拠点のFortis〔フォルティス〕の一部（ベルギーとルクセンブルクの事業、アセットマネジメント部門）を吸収し、ベネルクス三国を事業拠点としてカバーしている。このため欧州の景気低迷を受けて業績は横ばい状態であり、減収減益が続いている。ちなみに、２０１８年の最終利益は２０１６年比で１・１億ユーロの減益となった。

収益の回復が遅れているドイツ最大のDeutsche銀行〔ドイツ銀行〕は、営業収益が2016年の300億ユーロから2018年には253億ユーロへと大幅に減少した。一方、リストラによって営業利益は増加を果たし、その結果最終利益は2018年にようやく黒字に転換した。ただし、その額はわずか約3億ユーロであり本格的な回復とは言い難い。このため、ドイツ政府の圧力もあり、同国第2位のCommerz〔コメルツ〕銀行との合併検討を迫られたが、結局実現しなかった。

また、UBSはサブプライム・ローン関連で大幅な損失計上を余儀なくされたが、スイスと米国が地盤であることを背景に他の欧州銀行に比べいち早く黒字化に成功した。それでも資金収益は低金利政策の影響で減少傾向にあり、得意の富裕層部門向け金融サービスにより収益力を維持している状況である。

上記の欧州銀行のうちグローバルな展開を進めているHSBCについて、グローバル化の特徴を見てみよう。

【HSBC】

HSBCはもともと香港上海銀行として香港と上海に拠点を置いていたことから、アジア部門の占める割合が高い。2018年の地域別営業損益（（　）内は2017年）は、欧州がマイナス8・4億ドル（マイナス19・0億ドル）、アジアが157・2億ドル（134・5億ドル）、中東・北アフリカが11・2億ドル（10・6億ドル）、北米が8・0億ドル（16・0億ドル）、ラテン・アメリカが5・6億ドル（5・9億ドル）、合計173・5億ドルであった。つまりHSBCは欧州の銀行ではあるものの、その実態は高成長の続くアジアでの収益に大きく依存している。業務部門別（国内と国外の合算）では、2018年の税引前利益（部門間調整前）で、リテール部門と富裕層部門の合計が71億ドル（シェア：33・5％）、商業銀行部門が77億ドル（36・3％）、市場取引や投資銀行業務を手掛けるグローバル・バンク部門が61億ドル（28・8％）、グローバル・プライベート・バンク部門が3億ドル（1・4％）であり、リテール業務と商業銀行業務を中心とした構成となっている。ＨＳＢＣもCitiと同様にモバイル・バンク戦略を掲げ、金融のデジタル化を積極的に推進している。

（４）邦銀

邦銀は、メガ・バンク３行のグループ全体を対象とする。メガ・バンク・グループの収益状況の特徴は、安定しているものの超金融緩和政策の影響により増益基調とは言い難い点にある。その主因は異次元金融緩和政策の下で国内金利が低水準にとどまっており、貸出収益が伸び悩んでいるためである。２０１７年度の資金収益は２０１５年度比で３社とも減収となっている。最終利益はばらつきがあり、三菱ＵＦＪと三井住友では増益だったが、みずほは減益となった。

メガ・バンク各社は、数年前よりアジアに現地銀行の買収も含めて本格的に参入し、海外部門の収益拡大を図ってきている。また、欧米では各国で強化されている金融規制に対応し業務を展開しやすくするために各国で持ち株会社を設立し、それまでの日本法人の支店を各国持ち株会社の傘下に吸収する再編を進めた。例えば、三菱ＵＦＪは２０１４年に米州持株会社を設立し、それまでの日本本社の支店を米州本社の傘下に再編した。

このようにメガ・バンクが収益源を海外に求めた結果、２０１７年度決算の資金収益（資金運用収益マイナス資金調達費用）に海外部門の占める割合は、三菱ＵＦＪで38・5％、三井住友で36・0％、みずほで35・1％である。メガ・バンク各社は国内金利の上昇が見込めない中で海外部門の拡大を推進してきたが、米銀や欧銀が再びアジアに再進出することによる競争の激化、後述するリスクへの対処など、厳しい局面を迎えている。

2　新たな金融リスクの高まり

グローバル・バンクの活動範囲は、地理的な自国マーケット＋外国マーケットにとどまらない。グローバル・バンクは金融ネットワークを通じて相互に連携し、あるいは取引相手として収益拡大の機会を探っている。例えば、外国為替や金利の直物・先物取引、スワップ（交換）やオプション（売買権利）などのデリバティブ（金融派生商品）市場での取引など多岐にわたっている。グローバル・バンクはこうした取引すべてにかかわっているといっても過言ではない。既述したように、G‐SIFIsと指定された大手グローバル・バンクは、リーマン・ショック後に強化された金融規制を遵守すべく、自己資本の積み増しと質的強化を迫られた。これにより、大手グローバル・バンクを発端としたシステミック・リスク（個別の金融機関の機能不全が他の金融機関に波及するリスク）の発生の可能性はかなり小さくなった。一方で、米国の金融政策が正常化に向かい金利が上昇し始める中で、グローバル・バンクが直面する新たな国際的金融リスクが高まっている。

第一は、新興国のドル建て債務の再調達リスクである。リーマン・ショック後の超金融緩和状態の中で、新興国がドル建て債務による資金調達を活発に行った。金融機能の麻痺によって先進国経済が低迷する中で、投資先を探る資金にとって堅調な新興国経済は魅力的な投資対象となった。新興国の民間債務残高のGDP比は、2000年の70％強から2017年には約130％まで上昇している。[6]しかし、ドル金利が反転し始め、新興国は資金の再調達時の金利上昇に直面している。再調達金利が上昇し、利払いが新興国の経常収支を悪化させるようなことになれば、1996年のアジア通貨金融危機のような金融危機が再来しかねない。その影響がアジアの新興国で民間貸出を拡大している邦銀メガ・バンクにも及ぶことは容易に予想される。

第二は、米国金融機関以外のドル調達コストの上昇によるドル供給不足リスクである。大和総研（２０１９）によれば、外貨を投じてドルに転換する外貨投ドル調達コストは、２０１６年以降に急上昇している。(7)上昇要因は、第一にベースとなるドル金利の上昇である。第二に、外貨をドルに転換する際のスワップ・コストの上昇である。つまり、非米銀がドルを調達する場合に、リスク・プレミアムとしてコストを上乗せされている。米ドルが供給不足となれば、米ドル預金を抱えるという優越的地位を保持している米銀は、当然のことながらそのメリットを最大限に活用して収益拡大のための行動を採るだろう。具体的には、非米国金融機関がドルを調達する際に、高いプレミアムを要求することになる。これは米国以外のグローバル・バンクにとって大きな収益圧迫要因となる。同様のことは、１９９６年のアジア金融危機の際にジャパン・プレミアムが発生したことが知られている。この時の邦銀は、ドルだけでなくポンドなど欧州外貨の調達も困難となった。つまり、先進国多国籍銀行では、邦銀の一人負け状態であった。これに対し、今回は米国銀行の一人勝ち状態になる。これは国内預金でドルを調達できる基軸通貨国の銀行の特権によるものであり、国際金融市場では依然として米国が覇権を握っていることを示している。この結果、グローバル・バンクの中でも、米銀と日欧銀などでは収益動向に大きな差が生じることになるだろう。

第三は、資産価格の頭打ちである。長期間にわたる世界的な金融緩和状況のもとで、米国をはじめとして不動産など資産価格が上昇した。(8)しかし、米国の金融政策正常化により、投資利回りが投資コストに見合わなくなってきている。このため、資産価格の上昇にブレーキがかかり、新たな不良債権問題が生じるリスクが高まっている。資産向け貸出はグローバル・バンクだけのリスクではないが、世界の大手金融機関は直接の貸出ではなくとも、資産向け貸出が証券化された証券を資産ポートフォリオに高い割合で組み入れており、資産価格の下落が顕在化した場合にはサブプライム・ローン問題の再燃となりかねない。(9)

当面は、米中貿易摩擦を背景とした先進国の景気減速により各中央銀行が金融緩和脱却ペースの見直しを進めているため上記のリスクが一気に顕在化するおそれは小さいが、これらのリスクの根本原因が解消したわけではない。グローバル・バンクやグローバル金融市場には、超長期にわたった金融緩和のツケが今後の波乱要因として潜在しているのである。

3　AIの進展と銀行業務の劇的変化

近年急速に発展しているAIは金融業界に衝撃的な影響を与えている。八山（2017）によれば、ゴールドマン・サックス社は、同社のニューヨーク本社で2000年時点では600人のトレーダーが株式の売買注文を受けていたが、2017年時点で残っているトレーダーはわずか2人で、それまでトレーダーが行っていた業務は200人のコンピューター技術者が管理する自動取引プログラムに置き換えられている[10]。

また、JPモルガン・チェースでは、Contract Intelligence（COIN）と呼ばれるソフトウェアを導入し、商業融資の契約内容を解釈する作業を自動化している。機械学習技術と新たなプライベート・クラウドネットワークを活用したシステムを導入し、これまで弁護士と融資担当者が延べ時間で年間36万時間以上を要した業務をわずか数秒で処理しているという。このようなAI技術の進展による省力化は、人員ポートフォリオの大きな変更を意味し、市場取引部門や企業金融部門においても金融機関職員の大幅な合理化をもたらしている。

銀行店舗のあり方も大きく変化している。安留（2018）によれば、金融のデジタル化が進んでいるデンマークやオランダでは、過去10年間に10万人あたりの銀行支店数が半分に減少している[11]。もっとも、スウェーデンやドイツではこうした傾向は認められず、日本と同様に店舗数に大きな変化はない。こうした違いは国情や文化を反映したものと思われるが、金融分野のデジタル化、キャッシュレス化が今後も進展することは間違いない。この流れを受けてグローバル・バンクも同様に省力化を進めている。既述した通りCiti のＧＣＢがモバイル・バンクを強力に推進しているように、各銀行ともデジタル・バンクを前面に押し出している。米国の例として、安留（２０１８）はサンフランシスコの大手銀行（Wells Fargo、JP Morgan Chase、ＢＯＡ）の店舗事例を紹介している。[12]そこでは一部の店舗で小型デジタル店舗を設置し、「①透明性をアピールし、ガラス張り、②機能が充実した最先端のＡＴＭを設置、③ネットバンクを操作できるＰＣを設置、④テラーカウンターはなく、店舗奥に相談のための個室を設置、⑤行員は最低限の人数、そしてタブレットを所有の5点である」とその特徴を説明している。英国でも同様であり、ＨＳＢＣは国内店舗の合理化を進め、近隣店舗網を銀行窓口業務取扱店舗とそうでない機械化店舗に区分し、後者はＡＴＭとコンピューターによる取引および投資相談のみを提供している。このように大手銀行のみならず世界の銀行がリテール業務においてコストのかかる人員を削減し生産性を高める戦略を進めているのは、非金融分野から金融分野への進出が顕著になっているためである。米国では、amazon go に代表されるレジなし店舗の展開が著しい。また、決済分野においてもPayPal〔ペイパル〕の傘下にあるVenmo〔ヴェンモ〕が個人間送金サービスの分野で躍進している。これに対し、銀行はZelle〔ゼル〕という銀行間送金システムを構築して対抗している。[13]

銀行業務の柱である貸出業務においても非銀行分野からの参入が著しい。米国ではLending Club〔レンディングクラブ〕社がクラウド・ファンディングの大手に成長している。同社はネットワーク上で資金調達者と資金提供者を仲介する業務を展開しているが、独自の審査力によりウェブに掲載される資金調達者を厳選しており、これが同社の信用力につながっている。日本でも、ミュージック・セキュリティーズ社がクラウド・ファンディングの大手であり、活発に活動している。日本のクラウド・ファンディングは寄付型が中心であり貸出型の割合は小さいが、今後 Lending Club 社のようなサービスが提供される可能性は小さくない。既に、小口金融についてはモバイル端末を駆使して個人の信用力に応じて貸出金利を設定するサービスがあり、リテール業務はデジタル化の進行に伴い競争が一層激しくなるだろう。

4　今後のグローバル・バンクの動向

先進各国の超金融緩和状態が長引く中で、米欧日の大手銀行は収益低迷への対応を迫られてきた。既述したように２０１８年決算では米銀の収益は増益傾向にあるが、米国経済の動向によっては再び収益が低迷する可能性を否定できない。

リーマン・ショックとその後の超金融緩和状況、さらにＡＩに代表される技術進歩の中で明らかになってきたのは、グローバル・バンクの在り方が変わってきている点である。以前は多くの多国籍銀行が世界の金融マーケットで鎬《しのぎ》を削っていたが、リーマン・ショックによって銀行は業務と市場の両面で戦線縮小を余儀なくされ、合理化のために少なからぬ業務や市場を他の金融機関に売却し、選択と集中を進めてきた。２０１８年末の段階ではこの再編がとりあえず一段落したものの、それぞれが立ち位置を完全に定め拡大に打って出る状況にはなっていない。つまり、かつてのように多くのグローバル・バンクが同じように競う状況ではなくなっている。これが今後どのように変化していくかは不明だが、超金融緩和状況が継続する中で金融機関の収益力が低下しているため、しばらくは足場固めに専念することになる。その理由は、リーマン・ショック後の金融規制の強化により簡単にビジネスを拡大できないことに加え、金融ビジネス自体が金融分野という縦軸と地域という横軸とのマトリックスによって輻輳《ふくそう》化していることにある。

縦軸は、個人やローカル企業を取引対象とするリテール業務をはじめとし、デリバティブ取引（先物、オプションなどの金融派生商品の取引）に象徴されるマーケット取引や証券関連のビジネスまで広がっている。横軸は、先進国から新興国、途上国を含むマーケットである。金融自由化の流れの中で、このマトリックスのそれぞれの分野において、非銀行や大手銀行以外からの参入が著しく、競争が激しくなっている。こうした中で真にリテール業務をグローバルに展開している金融機関は、現状ではCitiとHSBCの2社と言えるだろう。Citiは米国の経済力を背景に世界中にリテール業務のネットワークを張り巡らしている。HSBCも前身の香港上海銀行時代からのネットワークによって、幅広い顧客層を取り込んでいる。

グローバルにリテール業務を展開しているこの2社の強みは、第一に経済の変動リスクを緩和することができる点である。第二に、顧客層を各国市場の中所得者層以上、大手企業などの優良顧客に絞り込みつつ一定のボリュームを確保していることである。中野（2018）が指摘するように邦銀メガ・バンクもここ数年でアジア・マーケットにかなり食い込んでいるが、現状はアジアのメガ・バンクを目指す立場にとどまっている。[14]

かつては多国籍銀行が国際金融ビジネスの中心的存在であり、国境をまたぐマネーあるいは資本の活動も彼らの動向を注視することである程度把握することができた。多国籍銀行はこれまで資産規模拡大を争い、さらには世界的にリスク資産の取り込みにより収益規模の拡大で競争してきた。しかし、リーマン・ショックによってその路線は修正を余儀なくされた。近年ではデジタル技術の発展が他業界から金融業界へ参入する際の障壁を相当に低くしている。同時に、グローバルに活動するマネーは規制に縛られる銀行を嫌い、ヘッジファンドや投資ファンドなどシャドウ・バンキング（金融当局の規制対象外である資金運用機関などの総称）を活用するようになっている。つまり、グローバル・バンクが国際的な金融取引の中心的地位を占め続ける状況ではなくなってきている。むしろグローバル・バンクは自らの生き残りをかけ、かつ投下資本の期待に応えるべく、業務の選択と集中により収益の極大化を目指すことになる。その意味では、今後の世界経済がこれまでの超金融緩和状態のツケを払わざるをえない中でどのような金融リスクが顕在化するのかについて、我々はグローバル・バンクの動向のみを注視するのではなく、より大きな視点でグローバルな金融活動を監視していく必要がある。

〈注〉

（1）ＦＲＢは米中貿易摩擦の影響により米国景気が減速しているとして、２０１９年7月のＦＯＭＣ（米連邦公開市場委員会）において、ＦＦレートの誘導水準を０・25ポイント引き下げ、金融緩和からの脱却に慎重に対応する姿勢を示した。

（2）国際決済銀行による第三次規制は、大手銀行の自己資本比率規制について２０１８年末を目標最終年次とし、その中で普通株等Tier1（普通株と資本保全バッファの合計）に基づく自己資本比率について、２０１９年初から７・０％以上とすることの完全実施を定めている。

（3）John Maxfield, 'Citigroup is finally be shutting down its 'bad bank,'—8 years after the financial crisis, The Motley Fool, Jan. 21, 2017

（4）Citi は新規株式発行によって得た資金を公的資金返済に充当したが、その影響もあり株価は危機前の10分の1に下落した。

（5）中野瑞彦「銀行業務の変化とサブプライム・ローン問題」『経済経営論集』桃山学院大学第49巻第4号、２００８年3月、２６８～２７１ページ。

（6）内閣府「民間債務の増加がもたらす世界経済のリスクの点検」『２０１８年上半期　世界経済報告』、２０１８年7月、４ページ。

（7）矢作大佑・森駿介「金融政策正常化の中で不安定化する国際金融システム」『大和総研調査季報２０１９年新春号 Vol. 33』、２０１９年1月、73～74ページ。

（8）「日本経済新聞」（２０１９年2月24日朝刊）は、世界的に土地価格が頭打ちになっていると報じている。

（9）「日本経済新聞」（２０１９年2月22日朝刊）は、米国の証券化商品の投資リスクが高まっていることを報じている。

（10）八山幸司「米国のＡＩ開発・実用化とフィンテックＡＩの動向」『証券アナリストジャーナル』２０１７年８月号、41ページ。
（11）安留義孝「世界の金融・決済を見る①」『金融ジャーナル』２０１８年11月、82～85ページ、「同②」『金融ジャーナル』２０１８年12月、96～99ページ。
（12）安留義孝「Fintech 先進国の金融機関の店舗を見る」『金融ジャーナル』２０１８年３月、90～91ページ。
（13）安留義孝「世界の金融・決済を見る③」『金融ジャーナル』２０１９年１月、96～99ページ。
（14）中野瑞彦「メガ・バンクの経営戦略と大リストラ」『経済』№２７５、２０１８年８月号、76～88ページ。

医薬品産業におけるグローバル化と現代医薬品企業

細川　孝

はじめに――三つの視角からの医薬品産業へのアプローチ

「オプジーボ」（免疫チェックポイント阻害剤で一般名は「ニボルマブ」）――ひとつの医薬品が、本庶佑の2018年ノーベル医学生理学賞受賞によって大きく社会から注目されることとなった。すでにそれ以前から、「オプジーボ」はその効果と高薬価によって患者や医療関係者などには知られていたが、ノーベル賞の受賞によって広く一般に知られることになった。このように医薬品産業は画期的な新医薬品を開発、生産、流通させ、患者に処方される産業であり、社会的に有益な役割を果たしている。

さて、今日の医薬品産業のグローバル化を考察する際に、科学・技術の発展という大きなトレンドを踏まえなければならないだろう。後にみるように、グローバル化については、国境を越えた巨大M&A（Mergers & Acquisitions、合併・買収）と市場の一体化によって特徴づけられる。科学・技術の発展については、バイオ医薬品の開発に典型的である。しかし、グローバル化と科学・技術の発展という二つの点は、必ずしも医薬品産業に固有なこととは言えず、他の産業においても確認されることである。

筆者は医薬品産業の動向を分析する際に、医薬品という「製品」が本来的に有する患者の人権との関係が重視されなければならないと考えている。医薬品は、人の疾病の治療あるいは診断、予防のために使用することを目的としており、人間の生命や健康に直接関係するという特徴をもっているからである。

後述のように科学・技術の発展を踏まえた新医薬品の開発には驚くべきものがある。医薬品産業を対象とした研究もいきおいR＆D（Research & Development、研究開発）やイノベーションに目が向けられがちである。しかし、社会科学としての医薬品産業の研究からすれば、そこだけにとどまるのではなく、グローバル化、科学・技術の発展、人権保障の実現という三つの視角から把握していくことが課題と認識している。

本稿は、以上のような問題意識から今日の医薬品産業の動向を概観し、そのうえで現代医薬品企業に対する民主的規制について若干の問題提起を行うこととしたい(1)。

1　医薬品産業におけるグローバル寡占の形成とその脆弱性

２０１９年1月、武田薬品工業によるアイルランドのシャイアー（Shire）の買収（株式交換による完全子会社化）が完了した。この買収は２０１８年5月の株主総会で提案され、12月の臨時株主総会での承認を踏まえてのものである。買収総額は日本最大となる８１４億ドルとなった(2)。これとほぼ同時期に報道されたのが、米ブリストル・マイヤーズ スクイブ（Bristol-Myers Squibb、ＢＭＳ）による米セルジーン（Celgene）の買収合意である。買収金額は、セルジーンの時価総額７４０億ドルである(3)。

武田薬品工業はシャイアーの買収によって世界トップ10に入るメガ・ファーマ（Mega Pharma）(4)となった。一方、ＢＭＳは、セルジーンの買収によって、年間売上10億ドル以上の9製品を擁し、近い将来に販売が予定されている製品の売上が１５０億ドルを超える見込みとされている(5)。

表1　現代医薬品企業の研究開発費（2016年）

社名	金額単位	研究発費	前年比（%）	売上比（%）
Pfizer	百万米ドル	7,872	102.4	14.9
Novartis	百万米ドル	9,039	99.2	18.6
Roche	百万スイスフラン	11,532	120.4	22.8
Sanofi	百万ユーロ	5,172	101.8	14.2
Merck（USA）	百万米ドル	10,124	151.0	25.4
Johnson & Johnson	百万米ドル	9,095	100.5	12.7
Gilead Sciences	百万米ドル	5,098	169.1	16.8
GlaxoSmithKline	百万ポンド	3,628	101.9	13.0
AbbVie（-'10 Abbott社）	百万米ドル	4,366	101.9	17.0
Amgen	百万米ドル	3,840	94.3	16.7
Teva	百万米ドル	2,111	138.4	9.6
AstraZeneca	百万米ドル	5,890	98.2	25.6
Bayer	百万ユーロ	4,678	108.1	9.8
Eli Lilly	百万米ドル	5,244	109.3	24.7
Bristol-Myers Squibb	百万米ドル	4,940	83.4	25.4
Novo Nordisk	百万Dクローネ	14,563	107.0	13.0
Boehringer Ingelheim	百万ユーロ	3,112	103.6	19.6
Celgene	百万米ドル	4,470	120.9	39.8
Mylan	百万米ドル	827	123.1	7.5
Baxter	百万米ドル	647	107.3	6.4
Merck（Germany）	百万ユーロ	1,976	115.6	13.2

（出所）日本製薬工業協会『DATABOOK 2018』（http://www.jpma.or.jp/about/issue/gratis/databook/2018/table.php?page=p73、2019年3月23日検索）の一部を転載。なお、資料のタイトルは「海外主要製薬企業の研究開発費」である。各社のアニュアルレポート、フィナンシャルレポートをもとに作成されたものである。

医薬品産業における巨大Ｍ＆Ａは１９８０年代末からほぼ継続している。長期にわたるＭ＆Ａの継続は巨大企業同士、国境を越えたものという特徴を有している。[6]

しかし、２００６年以降の上位企業への集中度を見た場合に、上位10社は、46・4％（２００６年）→43・4％（２０１１年）→37・6％（２０１６年）、同じく上位20社は、63・7％→60・6％→57・1％と低下傾向を示している。この集中度が低下する傾向は、上位30社から上位１００社までのいずれの段階でも共通してみられる傾向となっている。[7] 他の産業に比して寡占度がそれほど高くないことや低下傾向にあることは、医薬品産業における寡占の特質を示しているが、ここでは指摘のみにとどめたい。

医薬品産業におけるグローバルな再編の背景には、研究開発費（とりわけ臨床試験の費用）の高騰がある。現代医薬品企業の収益にとって、画期的な新医薬品がもたらす効果は大きい。「ブロックバスター」（blockbuster）と呼ばれる大型製品を開発すれば、巨額の売上がもたらされる。

表1は、メガ・ファーマに数えられる海外の主要企業の研究開発費の総額と売上高にしめる割合をまとめたものである。売上高の20％以上をＲ＆Ｄに費やしている企業も少なくないことが見て取れるし、前年比でも高い伸び率を示している企業が多数確認できる。

注意すべきは医薬品事業以外の売上や研究開発費を含め算出しており、医薬品事業に限定した比率ではないということである。

しかし、多額の研究開発費を投じたとしても新製品の承認を得るに至るのは僅かの確率である[8]。また、新製品の開発に成功したとしても、類似の医薬品の開発や特許切れにともなったジェネリック医薬品（generic drug）の参入は避けられない（最近では「２０１０年問題」が喧伝された）。その一方で新医薬品の候補（pipeline）を将来の収益源として開発し続けていかなければならない[9]。

高騰する研究開発費を確保し持続的に新医薬品を開発し続ける。そして、新しい領域（薬効分野）への進出を図るなどして収益源を確保し続けることを目的にしてM＆Aが継続されていることは、現代医薬品企業の脆弱性を示していると理解することもできよう。

2　医薬品産業における国際的な規制緩和・調和化と知的財産権保護

医薬品を製造し、販売するためには、政府による承認審査が必要である。ある国で承認審査を経たとしても、別の国で製造、販売するには改めて申請手続をしなければならない。そのため、申請国ごとに試験（前臨床試験と臨床試験）が必要となり、現代医薬品企業の研究開発費を増大させる要因となるとともに、多くの国で自社製品をいち早く販売するのに制約となっていた。

１９９０年４月に発足したＩＣＨ（International Council for Harmonisation of Technical Requirements for Pharmaceuticals for Human Use、医薬品規制調和国際会議）は、医薬品の開発、製造、流通等に関する規制を緩和するものとなっている。ＩＣＨは、日本・米国・ヨーロッパの各医薬品規制当局と業界団体の６者の構成で発足し、医薬品産業のグルーバル化に対応し、世界的に規制の調和化（harmonisatio）を進めてきた。

ＩＣＨの目的は、「新医薬品を時宜に即し、また継続的に患者が利用できるようにすること、ヒトにおける不必要な臨床試験の重複を避けること、安全性、有効性及び品質の高い医薬品が効率的に開発、登録及び製造されること、及び安全性及び有効性が損なわれることなく動物試験が軽減されることに資する技術的要件における国際調和を促進することで公衆衛生を促進すること[10]」とされている。

ＩＣＨでは、品質（Quality）、安全性（Safety）、有効性（Efficacy）、複合領域（Multidisciplinary）の四つについてガイドラインを作業部会で検討する。ステップ１（＝新しいガイドラインを作成する提案が総会により承認を受けて、専門家作業部会を設置）からステップ５（＝ＩＣＨに加盟する地域・国の規制当局において、それぞれの手続きにしたがってガイドラインを実施）に至る手続きが定められている。[11]当初から三つの国、地域で行われる試験のルールを共通化し、そこで得られたデータを相互に受け入れ可能にしようと協議がすすめられてきた。すでに１９９６年には、臨床試験のルールを共通化することが合意され、加盟国は国内ルールを整備した。そして、98年には、外国で行われた臨床試験データを受け入れる際の障害とされてきた人種的要因への対応について合意に達している。ＩＣＨの合意が積み重ねられることによって、医薬品企業におけるＲ＆Ｄは新たな展開を見せるようになったのである。[12]

このようにＩＣＨは、医薬品産業におけるグローバル寡占を促進する機能を果たしている。現代医薬品企業のグローバルな事業展開とあいまって、規制緩和・調和化を通じた医薬品市場のグローバル化（一体化）が進展していることに注目しなければならない。

同時に、注目すべきは、Trips（Agreement on Trade-Related Aspects of Intellectual Property Rights）を通じた知的財産権保護の強化である。それは、グローバルに事業を行う現代医薬品企業の利益を保護する機能を果たす点では、規制緩和・調和化と共通する。

Trips は、ＷＴＯ（World Trade Organization、世界貿易機関）の諸協定のうち、知的財産権について定めたものである。知的財産権に関してはすでに、パリ条約（１８８３年）やベルヌ条約（86年）などの条約が締結されてきたが、Trips 協定はこれらを補完するものであり、グローバリゼーションが進展するもとで、知的財産権保護を実行力あるものとしようとする。先述のように新医薬品のＲ＆Ｄは現代医薬品企業にとって不可欠な機能であるとともに、類似の医薬品の開発や特許切れにともなったジェネリック医薬品との競争は避けられない。そのようなもとで、知的財産権保護の強化は医薬品企業のＲ＆Ｄを保護する機能を果たすことになる。

Trips は、商標、特許、著作権を含み、知的財産権の範囲は広範囲にわたっている。これまで知的財産権の保護の対象には含まれてこなかったものを含んでおり、何世代にもわたる植物育成と伝統的な栽培から生じたものなども知的財産権の対象とする。強制力を持った地球規模の知的財産権が創設されることとなり、ＷＴＯ加盟国は新しい権利を実施する国内法を制定することを要求される。

このような内容を含む Trips は、アメリカを中心とした先進諸国の現代医薬品企業の利害を優先するものとなり、価格競争と消費者の選択は阻害される。その影響はとりわけ発展途上国において深刻である。多くの発展途上国では、これまで食品と医薬品を知的財産法から除外してきた。私的独占支配を排除し国民が基本的な必需品を入手するのを保障するためである。[13] しかし、Trips による知的財産権保護の強化は、そのようなことを困難にする。

Trips は、政府が医薬品の並行輸入と強制実施権[14]を行うことを認めている。しかし、１９９７年に制定された南アフリカ医薬品法に対して、世界の医薬品企業39社が起こしていた訴訟は、医薬品の並行輸入と強制実施権の阻止をねらったものであった。この裁判自体は、２００１年４月に取り下げられたが、Trips によって保護される知的財産権がもたらす問題点を端的に示している。

現代医薬品企業のR&Dによってもたらされる新医薬品が疾病や予防にとって多大の恩恵をもたらすとしても、開発者（企業）側に偏重した知的財産権の保護のありかたによっては、社会全体の利益を失わせてしまう。この点で、「将来の医薬品市場がどのように機能していくかを想定し、先進国の技術革新と新興工業国の製薬業の望ましい関係、特許など知的財産を介した両者の提携、市場を介さない人道的な措置としての医薬品供給体制などを、国際公共性の観点から全体的なモデルにまで統合していく必要がある[15]」との指摘は傾聴に値する。

3 科学・技術の発展とグローバル寡占構造への影響

医薬品産業が本格的に発展をとげるようになったのは、第二次世界大戦後のことである。R&Dを通じて多様なニーズに応じた新製品（新医薬品）が持続的に開発されるようになった。あわせて、先進資本主義諸国において公的医療制度が確立、整備され、医療用医薬品市場[16]は拡大を続けてきた。

20世紀における新医薬品の開発は、天然物由来あるいは合成化合物をもとにした合成医薬品として開発、生産されてきた。これが、20世紀の末になると科学・技術の急速な発展によって新たな創薬技術にもとづきながら開発されるようになったのである。

合成医薬品の開発では、多数の物質の中からスクリーニングし、新薬のタネを探し出してきた。これが今日では、遺伝子のレベルで原因を調べ、遺伝子が作り出すたんぱく質の機能を解析して、合理的に医薬品を開発していく手法が採られるようになったのである。

今日の新医薬品の開発は、遺伝子レベルまで解明された「生命科学」の知見にもとづいている。ヒトのゲノムの全塩基配列[17]を解析する「ヒトゲノム計画」が、１９９０年から始まり２００３年に終了し、今日では、解読されたヒトゲノムを前提にして新医薬品の開発が行われるようになっている。[18]今日では、「バイオ医薬品」や「ゲノム創薬」などの言葉が一般化してきている。

従来の医薬品は、化学合成の低分子医薬品であった。これは、段階的に化学合成を経て生産される医薬品である。しかし、バイオ医薬品はこれとは異なり、タンパク質由来（成長ホルモン、インスリン、抗体など）や生物由来（細胞、ウイルス、バクテリアなど）の物質を有効成分としている。これらは化学合成の低分子医薬品に比べて分子が大きく、構造が複雑である。今日では、抗体医薬品であるオプジーボなど多くのバイオ医薬品が開発されている。

一方、ゲノム創薬は、ゲノム情報のデータベースを活用して、病気に関係する遺伝子を同定したうえで、ターゲットを絞り込んで薬を開発するという創薬の技術である。従来の創薬に比して開発時間が短縮化される。ゲノム創薬のプロセスは、ゲノム研究→個々の遺伝子の同定→個々の遺伝子の機能→創薬ターゲットたんぱく質の探索・同定→リード化合物の発見と構造の最適化→安全性・薬物動態の研究→薬理ゲノム科学の研究→臨床試験、というものである。[19]

以上のような生命科学の発展と新しい創薬の展開は、医薬品産業におけるグローバル寡占構造にも影響を与えることとなる。まず、いわゆるバイオベンチャーの参入が活発である。それは、創薬のプロセスの全てを一貫して行うとは限らず、特定の部分を大手企業とも連携しつつ担当する。そして、医薬品以外の産業からのバイオ医薬品の開発への参入である。参入する企業は、バイオ医薬品に関係する検査技術や製造に関する強みを有している。[20]さらに医薬品の製造受託や臨床試験の受託などの動きである。これらの点は、医薬品産業のグローバル寡占構造の変化を見る場合に、重要な分析課題となるが、本稿では問題の指摘にとどめたい。

4　グローバルなレベルでの人権実現と現代医薬品企業の社会的責任

２０１５年９月に開催された国連総会では、「我々の世界を変革する：持続可能な開発のための２０３０アジェンダ」が採択された。この「アジェンダ」には、２０３０年までに達成すべき17の目標と１６９のターゲットからなる「持続可能な開発目標」（Sustainable Development Goals: ＳＤＧｓ）が示されている。

17の目標のうち、「飢餓に終止符を打ち、食料の安定確保と栄養状態の改善を達成するとともに、持続可能な農業を推進する」（目標２）や「あらゆる年齢のすべての人々の健康的な生活を確保し、福祉を推進する」（目標３）などは、医薬品産業に深くかかわっている。また、「持続可能な開発に向けて実施手段を強化し、グローバル・パートナーシップを活性化する」（目標17）も注目される。

「持続可能な開発目標」それ自身は積極的な内容を含んでおり、グローバルな協力関係のもとで推進されることが期待される。ここで想起したいのは、２０００年の国連総会で採択された「ミレニアム宣言」である。そこでは、２０１５年までに達成すべき国際社会共通の目標として「ミレニアム開発目標」（Millennium Development Goals：ＭＤＧｓ）がまとめられた。

ＭＤＧｓに関する「最終成果報告書」ではその成果が強調されるとともに、国・地域・性別・年齢・経済状況などから見てみると、様々な格差が浮きぼりとなり、「取り残された人々」の存在が明らかとなったとされている。このことを踏まえて策定されたのがＳＤＧｓであることは重要であろう。医薬品産業に係ると認識される「取り残された人々」の状況については、次のように指摘されている。[21]

乳幼児死亡率の削減（目標４）については、①毎日１万６０００人の５歳未満児が命を落としており、その大半は予防可能な病気が原因、②年間の5歳未満児死亡数（２０１５年）を地域別に見ると、サハラ以南アフリカ地域が最多の３００万人、次いで南アジアが１８０万人、とある。「ＨＩＶ／エイズ、マラリアその他の疾病の蔓延防止」（目標6）については、①新規にＨＩＶに感染した若者（15～19歳）のうち、3分の2は女性、②15～24歳の男女が有する、ＨＩＶに関する正しい知識は、経済状況や地域によって格差があり、経済的に貧しく、また農村部で暮らす若者のほうが、正しい知識を得にくい状況、とされている。

以上のような指摘と関わって、注目すべきは「必須医薬品」（essential drugs）である。それは、ＷＨＯが推奨する安全で効果が高く、医療に不可欠な医薬品である。１９７５年に、ＷＨＯの総会は必須医薬品に関する決議を採択した。そして、１９７７年には、「必須医薬品モデルリスト」の第1版が明らかにされており、その後もモデルリストの改訂が続けられている（２０１７年6月に第20版を公表）。

医薬品産業では画期的な新医薬品の開発が注目されるが、グローバルなレベルでは最低限の医療さえ受けることができない患者が多数存在する。[22] 必須医薬品の生産と供給は、医薬品産業全体として取り組まれるものであろうが、現代医薬品企業としての社会的責任の一つである。[23]

医薬品の開発や製造に関わっては、薬害の問題も依然重要である。医薬品はわたしたちの生活にとって身近であり、不可欠な存在である。[24] しかし、それが有効かつ安全に、そして社会と調和しながら（研究）開発、製造、販売されるためには、企業任せにするのではなく市民社会の側から主体的に関わっていかなければならないだろう。

このような点では、医療や医薬品に関係するＮＧＯ（non-governmental organization、非政府組織）やＮＰＯ（non-profit organization、非営利組織）の活動も視野に入れた現代医薬品企業研究の深化が求められている。

〈注〉

（1）ここで「現代医薬品企業」は、儀我壮一郎の「多国籍製薬企業」とほぼ同様の理解で用いている（儀我の多国籍製薬企業研究には、『薬の支配者』新日本出版社、2000年、『武田薬品・萬有製薬［メルク］』大月書店、1996年〔上田広蔵、蔵本喜久との共著〕などがある）。筆者の理解では、今日の巨大化し、グローバルに事業を展開する医薬品企業を把握する場合に、「多国籍」と「製薬」という特質に加え「現代」（的な特質）という視角を含め医薬品企業の動向を認識していく必要があると考えている。この点について本稿で十分展開するには至っていないが、「現代医薬品企業」という表現を用いることとしたい。なお、本稿は、これまで筆者が執筆してきた医薬品産業や現代医薬品企業に関する拙稿を再整理したうえで加筆・修正したものである。

（2）「日本経済新聞」2018年12月27日付を参照（日本円で約9兆円〔負債約2兆円含む〕と報じられている）。あわせて武田薬品工業の2019年1月8日付のプレスリリースを参照されたい（https://www.takeda.com/jp/newsroom/newsreleases/2019/20190108-8037/ 19年3月19日アクセス）。

（3）詳細は、2019年1月3日付の同社のプレスリリースを参照されたい（tps://news.bms.com/press-release/corporatefinancial-news/bristol-myers-squibb-acquire-celgene-create-premier-innovative 19年3月19日アクセス）。

（4）「メガ・ファーマ（mega pharma）」は mega pharmacy の略語であり、一般に「巨大製薬企業」と訳される。

（5）前掲のBMSのプレスリリースを参照。

（6）2000年のファイザー（Pfizerr）とワーナー・ランバート（Warner Lambert）との合併は医薬品産業で最大のM&Aであり1117億ドルのコストを要している。これは、歴代5位の巨大なものである。金額は、「日本経済新聞」2018年12月17日付による。

（7）数値（出典）は日本製薬工業協会『DATABOOK 2018』（http://www.jpma.or.jp/about/issue/gratis/databook/2018/table.php?page=p62-1、2019年3月20日アクセス）。資料は Copyright © 2019 IQVIA. IQVIA World Review Analyst 2007 から2017をもとに作成（無断転載禁止）。一方、日本製薬工業協会『DATABOOK 2009』62ページによれば、上位10社、上位20

社、上位30社、上位50社ともに、１９９０年、１９９５年、２０００年、２００５年と5年ごとの時系列では、集中度は高まる傾向にあった（データは、Scrip. Pharmaceutical Company League Tables.）。

（8）日本製薬工業協会の２０１６年のデータ（加盟22社が対象）によれば、合成化合物12万３２１８のうち承認を得たのは6（０・００４９％）に過ぎない。２０００年から２０１６年の累計では、同じく２０６万８４１５のうち96（０・００４６％）である。数字は、低分子化合物についてのものである。日本製薬工業協会『DATABOOK 2018』（http://www.jpma.or.jp/about/issue/gratis/databook/2018/table.php?page=p46-2　２０１９年3月20日アクセス）を参照。

（9）パイプライン（新医薬品の候補）をどれだけ有するか、そして、臨床試験の状況がどうなっているかということは、医薬品企業の株価にも大きな影響を与える。最近では、米国での臨床試験の結果の速報を受けて株価が急落した、バイオベンチャーのサンバイオの事例（「サンバイオショック」、同社は東証マザーズに上場）が注目を集めた。

（10）日本におけるＩＣＨの担当行政組織である独立行政法人医薬品医療機器総合機構のウェブサイトから（https://www.pmda.go.jp/int-activities/int-harmony/ich/0014.html　２０１９年3月20日アクセス）。なお、ＩＣＨは現在では、日本、米国、ＥＵ以外にも参加対象を広げている。

（11）ステップ5に至ったガイドラインは２０１７年11月17日現在で80である（独立行政法人医薬品医療機器総合機構のウェブサイトから　https://www.pmda.go.jp/files/000221387.pdf ２０１９年3月22日アクセス）。

（12）（古い事例になるが）エーザイのアルツハイマー型認知症薬である「アリセプト」（一般名はドネペジル）の承認審査では、海外での臨床試験データを加えることにより、審査期間を短縮することが可能になった（「日本経済新聞」１９９９年9月15日付を参照）。「ドネペジル」の日米での臨床試験については、京都大学大学院薬学研究科編『新しい薬をどう創るか』講談社、２００７年、２０６〜２０９ページを参照。

（13）パブリック・シティズン（海外市民活動情報センター監訳）『誰のためのＷＴＯか？』緑風出版、２００１年、１４７ページ。

（14）並行輸入は、自国で特許を得ている製品を、他国から低価格で輸入すること。強制実施権は、国が、特許権者の許諾を得ることなく、第三者に当該の特許権を実施する権利を付与すること。強制実施権は、一定の条件の下で、先進諸国の企業の許可を得ることなく、発展途上国の企業が、現代医薬品企業が有している特許を利用し、低価格で医薬品を製造することを可能にする。医薬品の並行輸入と強制実施権をめぐる国際的な議論については、丸山亮「TRIPS協定と医薬品アクセス問題の今後」『季刊 企業と法創造』第2号、2004年、177〜184ページを参照。

(15) 丸山、同上、183ページ。

(16) 医薬品市場は主に医療用医薬品市場とOTC(over the counter)薬市場から構成される。前者は医師・歯科医師の処方せんにもとづいて用いられるが、後者はそれを必要とせず、一般用医薬品ともいわれる。医療用医薬品市場では薬価抑制の動きが広がっており、このことがいっそう新医薬品の開発(によって収益を確保すること)に拍車をかけている。

(17) 細胞の中心である細胞核には染色体があり、染色体の実体はDNAという物質である。二重らせん構造のDNAには生物の遺伝情報が貯えられている。それは、アデニン(A)、グアニン(G)、シトシン(C)、チミン(T)と呼ばれる化学物質(塩基)の配列によって表現されている。

(18) ゲノム研究の進展とその実用化とあわせ、ユネスコが「ヒトゲノムと人権に関する世界宣言(Universal Declaration on the Human Genome and Human Rights)」(第27回ユネスコ総会、1997年)、「ヒト遺伝情報に関する国際宣言(International Declaration on Human Genetic Data)」(第32回ユネスコ総会、2003年)、「生命倫理と人権に関する世界宣言(Universal Declaration on Bioethics and Human Rights)」(第33回ユネスコ総会、2005年)といった宣言を相次いで採択したことは重要なことである。宣言はいずれも外務省のウェブサイトに仮訳が掲載されている。

(19) 金井理・古谷利夫「バイオインフォマティクスからの創薬」古谷利夫・増保安彦・辻本豪三編『ゲノム創薬 創薬のパラダイムシフト』中山書店、2001年、117ページ。

(20) そのような動向の一端は、日本についてであるが、『週刊エコノミスト』2019年3月12日号の特集「治るバイオ薬&遺伝子・再生医療」を参照されたい。

(21) ここでの整理は、日本ユニセフ協会(https://www.unicef.or.jp/mdgs/ 2019年3月22日アクセス)を参照した。

(22) ウィリアム・F・フィッシャー/トーマス・ポニアによれば、世界の人口の72%が発展途上国に居住しているが、これらの人々は、世界中の医薬品売上の7%を占めるにすぎない(ウィリアム・F・フィッシャー/トーマス・ポニア〔加藤哲郎監修〕『もうひとつの世界は可能だ—世界社会フォーラムとグローバル化への民衆のオルタナティブ—』日本経済評論社、20

03年、201〜202ページ)。当時(原著は2003年刊行)と比べれば発展途上国の人口は増加し世界の人口に占める割合も高まっているであろうが、医薬品売上に占める割合はそれほど増えていないと思われる。医薬品の購入額だけでなく、主に発展途上国で流行する、マラリア、ねむり病、リーシュマニア症、シャーガス病などの「顧みられない病気」(Neglected Diseases)のR＆Dに先進国の企業が(採算性を理由として)消極的であるという問題も存在する。

(23) 日本国内でも高い保険料負担のため保険料が支払えず、公的医療保険から排除されている人々がいるという事態も忘れてはならない。また高薬価が医療財政に与えている影響についても同様である。

(24) 薬害については、片平洌彦『構造薬害』農文協、1994年、浜六郎『薬害はなぜなくならないか』日本評論社、1996年などを参照。

インターネット通販大手のアマゾンとアリババ

小信田八郎

はじめに

アマゾン（Amazon.com）は、キューバ移民を養父にもつジェフ・ベゾスが1994年に創業した会社である。97年に米国ナスダック市場に上場後、順調に成長を続け、現在では世界最大のネット通販企業となっている。同社の急成長と多角化がもたらす経済的・社会的な影響を指し示す言葉として「アマゾン・エフェクト」が生み出されるなど、経済・社会に及ぼす影響は非常に大きい。
日本にも2000年に参入後、「配送料無料」サービスなどで順調に顧客を獲得し、成長を続けている。その成長に牽引され、日本でもネット通販が拡大しているが、それにより近年ではクロネコヤマトなど宅配業者が立ち行かなくなるといった問題も生じている。本稿では、主にアマゾンのビジネスモデルを対象にネット通販企業としての特殊性やその影響、問題点について論じる。

まず「中国のアマゾン」と呼ばれるアリババ（Alibaba Group: 阿里巴巴集団）との経営指標の比較を通じてアマゾンの利益構造の特徴を明らかにする。

1　経営指標の比較

（1）全社の比較

売上高を見ると、**表1**の通り、アマゾンが1778億6600万ドルに対して、アリババは390億9800万ドル[1]と前者の方がおよそ5倍の差があり、両者には圧倒的な規模の差がある。しかし、営業利益に目を向けると前者が41億600万ドル（営業利益率2・3％）に対して後者は110億5000万ドル（6・2％）と立場が逆転する。当期純利益でも前者が30億3300万ドル（当期純利益率1・7％）、後者が97億9100万ドル（5・5％）とアリババの方が上回っている。それゆえ、外見的には規模ではアマゾンが上回っているが、アリババの方が経営効率に優れているといえる。

ただし利益の結果だけで単純にアリババの方が優れているとはいえない。キャッシュフローをみると、**図1**のように、アマゾンは事業から多くのキャッシュを生み出し、それを投資にふりわけていることが分かる。同社は「利益の大半を投資に回す」という経営思想で、創業以来、株主には無配当を続け

表1　売上高と営業利益の比較（2017年度）

	アマゾン	アリババ
売上高（百万ドル）	177,866	39,898
営業利益（百万ドル）	4,106	11,050
営業利益率	2.3%	6.2%
当期純利益（百万ドル）	3,033	9,791
当期純利益率	1.7%	5.5%

（注1）アマゾンの会計年度は2017年1月1日から12月31日、アリババは2017年4月1日から2018年3月31日である。
（注2）1中国人民元=0.159米ドルで換算している。
（出所）アマゾンとアリババのannual reportに基づき作成。

図1　キャッシュフローの比較（百万ドル）

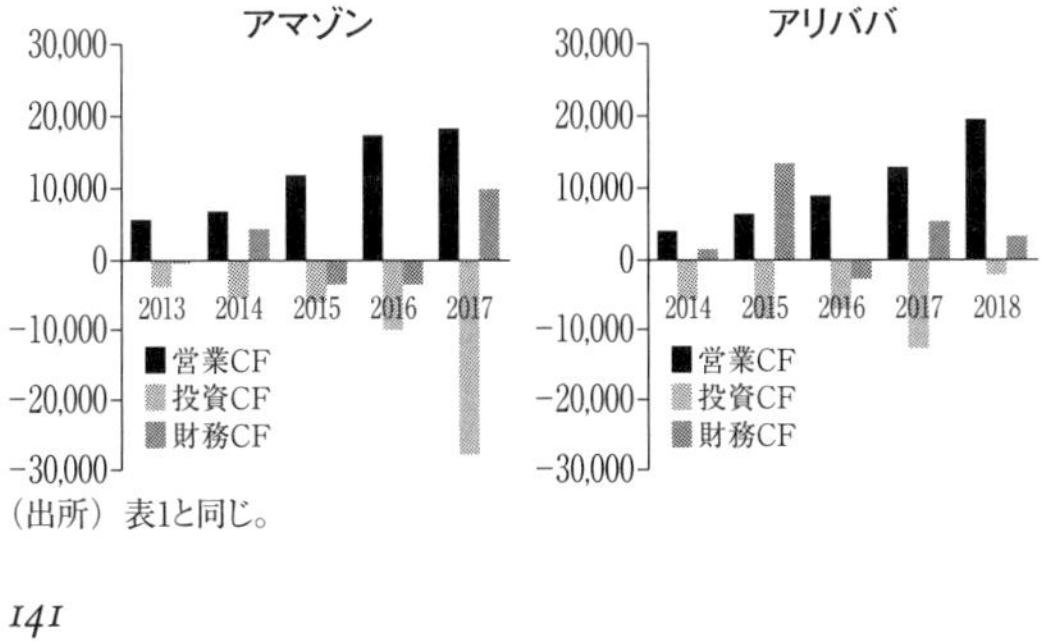

（出所）表1と同じ。

ており、短期の利益を度外視して積極的に投資し続けているのである。

（２）事業セグメント別の比較

事業セグメント別に特徴を見ると、**図２**のように、アリババは中核流通事業が３41億2000万ドル（構成比85・5％）と圧倒的な割合を占めており、次にメディア&エンターテイメント事業31億1900万ドル（7・8％）、クラウドサービス事業21億3500万ドル（5・4％）が続いている。中核流通事業が中心を占めている。この傾向は営業利益を見るとさらに鮮明になる。黒字を出しているのは中核流通事業163億8000万ドルのみであり、クラウドサービス事業やメディア&エンターテイメント事業はそれぞれ4億9200万ドル、22億5400万ドルの営業損失となっており、まだ事業として確立していないことが分かる。

一方、アマゾンの事業セグメント別の売上高をみると、北米事業が1061億1000万ドル（59・7％）で最も大きく、海外事業542億9700万ドル（30・5％）、AWS事業174億5900万ドル（9・8％）となっている。AWS（Amazon Web Service）は、後述のように事業者向けのクラウドサービスである。しかし、営業利益を見るともっとも売上高規模の小さいAWSが43億1100万ドル（営業利益率24・8％）ともっとも営業利益が大きい。海外事業は30億6200万ドルの営業損失となっており、北米事業の利益28億3700万ドルで相殺しているような状況である。

以上のように、アリババがネット通販事業中心であるのに対して、アマゾンはネット通販企業として創業され、また一般的ネット通販企業の代表的な存在として見られているが、実際にはそれだけではなくAWS事業と

図2　事業部門別の売上高および営業利益（2017年度、百万ドル）

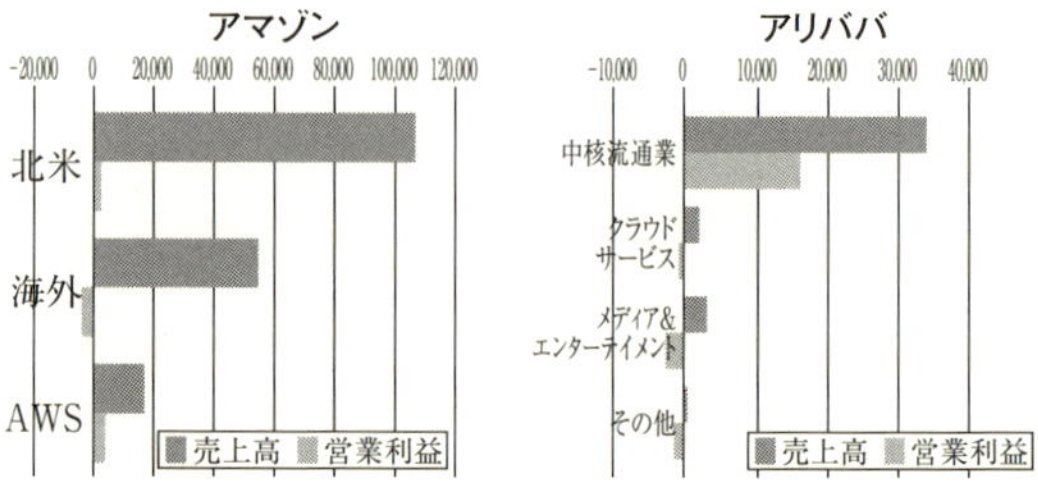

（出所）表1と同じ。

の二本柱になっていることが分かる。

次節ではアマゾンの代表的な事業についてみていく。

2　アマゾンの主な事業の概要

図3はアマゾンの詳細な事業セグメント別の売上高構成比を示すものであるが、ネット通販事業が1083億5400万ドル（構成比60・9％）、次いでマーケットプレイス事業318億8100万ドル（17・9％）となっており、やはりネット通販関連事業が中心を占めている。しかし、それに続くのがAWS事業で174億5900万ドル（9・8％）、プライムサービス事業97億2100万ドル（5・5％）、リアル店舗57億9800万ドル（3・3％）、その他46億5300万ドル（2・6％）となっている。それゆえ、やはりネット通販関連事業が中心を占めているが、それだけでなくクラウドサービスやサブスクリプションサービスなどの比重も年々高まっている。

以下では、売上高の大きいネット通販事業、マーケットプレイス事業、AWS事業について概括していく。

（1）ネット通販事業

アマゾンのネット通販事業は米国ネット通販市場において40％を超える市場

図3　アマゾンの事業別売上高構成比
（2017年度）

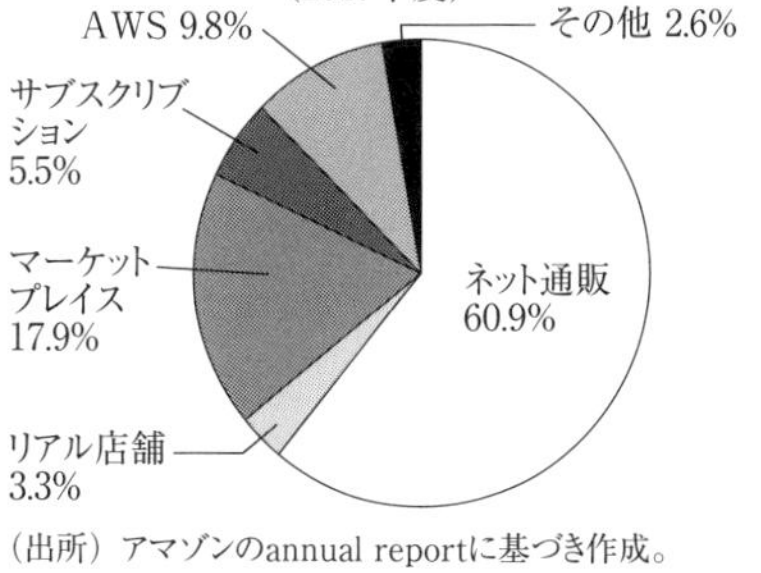

（出所）アマゾンのannual reportに基づき作成。

図4　米国ネット通販の市場シェア
（2018年度の予測値）

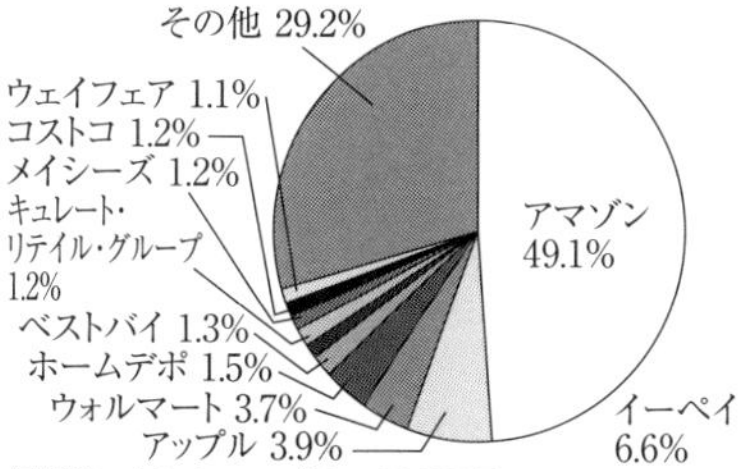

（出所）eMarketer, “Top 10 US Ecommerce Companies in 2018”に基づき作成。

シェアを占め、圧倒的な地位にある（図4）。その特徴は、アリババや楽天市場がモール型であるのに対して、自社サイト型であることである。モール型とは、一つのサイトに様々な店舗が集合したネット上のショッピングセンターのようなものであり、自社で顧客に販売するのではなく、出店者にネット上で「場所貸し」するものである。それに対して、自社サイト型は、自社のサイト上で、仕入れた商品を顧客に直接販売する方式である。

アマゾンの強みの一つは、品揃えの幅の広さである。同社は企業理念として「地球上で最も豊富な品揃え」を掲げ、「エブリシングストア」を目指している。当初書籍取扱いから始まったが、１９９８年のＣＤ、ＤＶＤなどを皮切りに、電気製品、ＤＩＹ、アパレル、食品など商品カテゴリーを拡大している。米国では、アマゾンだけで約１２００万品目、マーケットプレイスとあわせると3億５０００万品目を超える商品種類があるといわれている。(2) それにより幅広い消費者ニーズに対応できることでより多くの顧客を獲得することができる。消費者もアマゾンで多様な商品をワンストップで購入することができる。

もう一つの強みが優れた配送サービスである。アマゾンは例えば２０００年に日本へ参入直後、送料無料キャンペーンを実施し、基本送料無料で提供していた。その後、２０１０〜16年には全品送料無料で販売していた。２０１６年以降は、２０００円以上の購入かプライム会員に限り送料無料となった。同時に、アマゾンは「当日配送」や「同一配送」など配送サービスの水準を高めている。そのために、物流センターを都市近郊に立地させ、配送スピードを高めている。同社がネット通販の配送スピードや配送料に対する消費者の意識を変えたのは間違いない。しかし、そもそもネット通販を実店舗の流通と比べた場合のデメリットとして、商品がすぐに手元に届かないことと、配送費など追加の費用が必要になることがある。ネット通販は従来顧客が店舗まで足を運んでいた分を配送業者が配送するため、配送費の発生は避けられない。それゆえ配送料無料の場合、アマゾンは自社でそのコストを負担していることになる。

それではアマゾンはどのようにしてそのコストに対応しているのだろうか。第一に、効率的な自社物流インフラの存在がある。**図5**はアマゾンとアリババの販売費および一般管理費の構成を表している。それを見るとアリババはマーケティング費用がもっとも大きいのに対して、アマゾンはフルフィルメント（物流）費用がもっとも大きな割合を占めている。1―（2）で同社は積極的な投資を行っていると述べたが、特に物流に対して投資を行っているのである。具体的には、フルフィルメントセンター（FC）[3]を世界中に175ヵ所以上（うち北米が110カ所以上）、1億5000f^{2}を保有しており、北米では大型トレーラー4000台以上、さらに貨物航空会社から航空機もリースしている。そうしたハードに加えて、在庫管理や需要予測や庫内業務を効率化する情報システムへの投資も行っている。

図5　販管費の構成（2017年度、百万ドル）

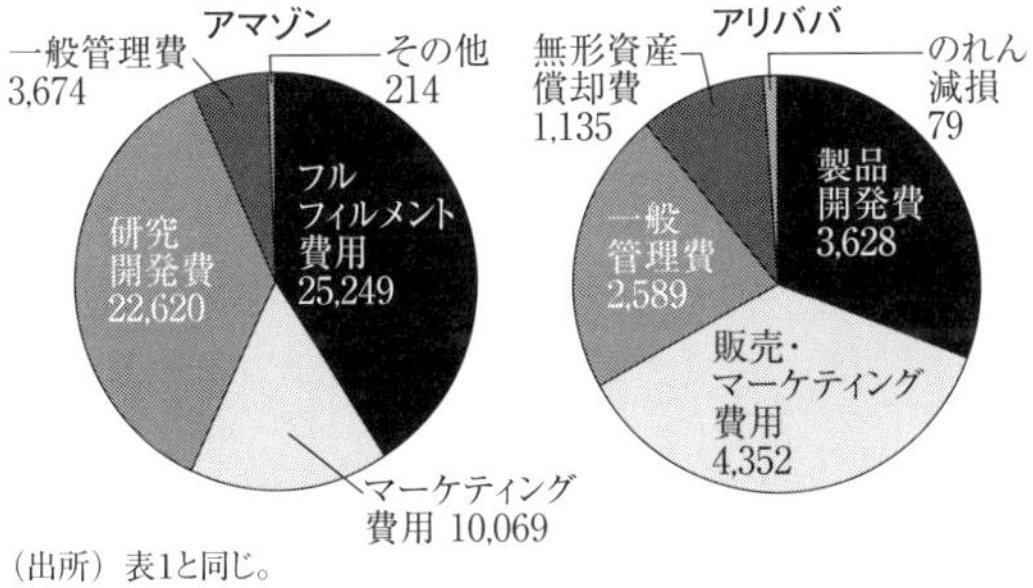

（出所）表1と同じ。

第二に、大量に商品を配送することにより配送コストを低下させている。後述のように日本では配送業務に宅配業者を活用しているが、大量に荷物がある場合、集荷の必要がないためその分配送料も低くなる。また、取扱量の大きさを背景に配送料を引き下げることができる。主にアマゾンの荷物を受託していたヤマト運輸の運賃は平均559円（2016年度）に対して、アマゾンの運賃は280円前後と半額程度だったといわれている。[4]このようにアマゾンは、大規模な物流センターの稼働率を高め、大量に配送することにより配送コストを引き下げているのである。それゆえ、安定的に大量の注文を処理することが求められる。

それを実現するための仕組みのひとつが、プライムサービスである。当初は年会費79ドルで2日後無料配送サービスを提供するものであったが、現在では99ドル（月額払いの場合10・99ドル）まで値上がりする一方で、全品配送料など各種配送サービスが無料になるだけでなく、無料動画ストリーミングサービス（Prime Video）、音楽ストリーミングサービス（Prime Music）、写真保存（Amazon Photos）など様々なサービスが利用可能となる。プライム会員は、非会員に比べてコンバーション率（サイト訪問数のうち商品購入にいたった割合）が５～６倍高く、購入金額も非会員の平均が約７００ドルなのに対して、プライム会員は約１３００ドルとおよそ2倍になると言われている。[5] 様々なサービスと引き換えに、プライム会員として囲い込むことでアマゾンの利用頻度を高め、それにより物量を維持している。

（２）マーケットプレイス事業

２０００年に始まったマーケットプレイス事業は、ネット通販事業に次ぐ売上高規模を誇る事業である。同事業は、モール型通販で、外部事業者がアマゾンに出品し、販売するというものであり、外部事業者からの手数料が収入となる。たとえば、「小口出品者として書籍を９００円で販売し、それが日本国内の顧客に購入された」場合、出品者の利益は、商品代金：900円－（基本成約料：100円＋成約手数料：60円＋［販売手数料：900円×0.15］＋配送料257円）＝348円となり、アマゾンの利益は２９５円である。

楽天市場など他のモール型通販と比較したアマゾン・マーケットプレイスの特徴のひとつは、アマゾンと外部事業者の商品が同一画面上に表示され、購入できるということである。顧客は欲しい商品をアマゾンを含め出品者ごとに商品価格や配送条件（配送料や配送日など）を比較して購入することができるということである。

次に、すべての代金の決済はすべてアマゾンを経由して行われるということである。出品者の利益は決済後にアマゾンから外部事業者に支払われる。それゆえ、アマゾンはマーケットプレイスでも消費者の購買情報をすべて把握することができる。

さらに大きな特徴として、ＦＢＡ（Fulfillment By Amazon）サービス（２００８年開始）がある。２―（１）で同社のネット通販の大きな特徴としてＦＣなど物流インフラの保有を指摘したが、ＦＢＡは、同社のＦＣに商品を保管し、手数料を支払えば、在庫管理、配送、クレーム対応、決済まですべて代行してくれるというものである。外部事業者には大企業もいれば、中小業者も存在している。中小業者では物流管理は負担になるが、それをアマゾンのネット通販システムで処理してもらうことができるため、利用者は納品と追加の手数料を支払うだけで通販事業を行うことができるようになる。

近年では、アマゾン・マーケットプレイスに参加している法人販売事業者を対象とした融資「アマゾン・レンディング」を始めている。マーケットプレイスを通して得た日々の売上や在庫の推移など販売動向を分析して、アマゾンの方から貸し付けを提案するというものである。

以上のように、マーケットプレイス事業は、第一に、在庫リスクなどが不要なため手数料収入によって自社通販よりも効率的な利益をえることができる。さらに、ネット通販に関連して物流管理の手数料や、利息収入など利益の獲得の幅が拡大している。第二に、自社の取扱い品目と同様に処理するため、ＦＣなどの稼働率を向上させることができる。第三に、自社商品だけでなく、より広範な販売情報を獲得することができる。外部事業者の購買情報や在庫情報などを把握できる。さらに外部事業者にはアマゾンが取り扱ってない商品を扱っている業者も存在している。その販売動向を見てアマゾンは取扱い商品を拡大したり、ＰＢ商品（自社企画商品）を開発することもできるのである。

（３）ＡＷＳ事業

ＡＷＳは２００６年（日本では２０１１年３月）から始まったクラウドサービス事業である。クラウドサービ

図6　クラウドサービスの市場シェア
（2018年度）

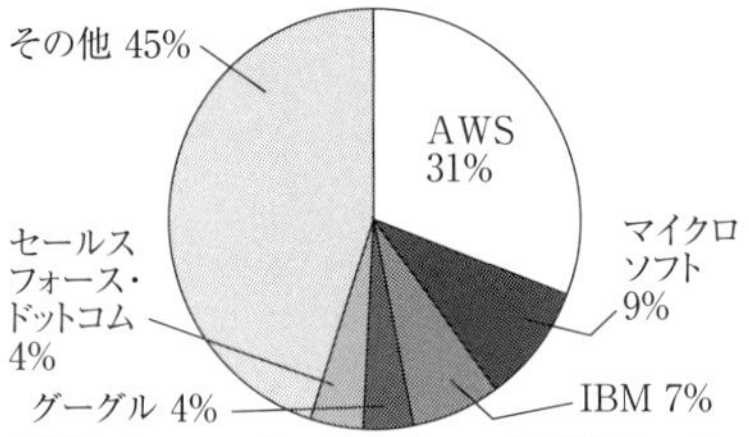

（出所）Synergy Research Group "AWS Remains Dominant Despite Microsoft and Google Growth Surges"に基づき作成。

スとは、特にビジネスの場合、従来自社で保有するサーバーやソフトウェアなどの情報システムを運用するオンプレミスに対して、ネットワークを通じて様々なＩＣＴサービスを利用するものであり、ＡＷＳは世界のクラウドサービス市場において市場シェア第一位の地位にある（**図6**）。

ＡＷＳの顧客には、ＧＥやマクドナルド、サムスン、花王のような大企業からスタートアップ企業まである。たとえば、動画配信企業Netflixは創業時からＡＷＳを利用したことで急速な成長を実現できたと言われている。また、ＣＩＡ（米国中央情報局）やＮＡＳＡ（米航空宇宙局）などの政府機関もＡＷＳを利用しており、米国連邦政府専用の「Gov Cloud」が存在している。さらに、アマゾンのネット通販事業自体が同事業にとって重要な顧客である。

なぜネット通販企業であるアマゾンがクラウドサービス事業を始めたのか。ネット通販事業はブラックフライデーやクリスマスのように一年の中で注文が一時的に集中する時期がある。急増する注文に対応するためにはサーバーなどの情報システムをもつ必要があるが、平時には余剰な設備・能力となってしまう。その余剰な能力やノウハウを活用するための事業がＡＷＳなのである。

ＡＷＳは、サービス開始から10年間で58回も値下げを行うなど持続的な価格の引き下げを行っている。また、提供されるサービスが豊富である。仮想マシンをクラウドでアプリケーションを実行する「Amazon EC2（Elastic Computer Cloud）」のような基礎的なものからリレーショナルデータベースサービス「Amazon Aurora」やデータウェアハウスサービス「Redshift」、さらにアマゾンがネット通販で使用しているパーソナライズレコメンデーションサービス「Amazon Personalize」などまで提供している。

以上のように、自社で構築した設備やノウハウを外部に開放することにより、アマゾンの利益を支える事業が構築されている。顧客企業は自社でサーバーやソフトウェアを開発・保有する費用を節約し、保守・アップデートする必要もなくなる。ただし、ＡＷＳは米国政府の米国愛国者法の対象となりデータの秘匿性が守られないなどの批判もある。

（４）小括

ごく簡単にアマゾンの主要な事業の概要を説明してきた。それを通して分かるアマゾンのビジネスモデルの特徴の一つは、ネット通販としての特殊性である。同社は物流インフラなどを活用し、「商品を可能な限り速く、低価格で消費者に届ける」ことでネット通販のデメリットを解消し、多くの顧客を獲得している。その利益を次の投資につなげ、さらにサービスを高度化する好循環を描いている。

もうひとつの特徴は、そのネット通販を基盤にマーケットプレイスやクラウドサービスを生み出し、その両輪になっていることである。ネット通販の基盤を活かし、マーケットプレイス事業を展開し、マーケットプレイスによりネット通販の品揃えは数十倍になり、物量が増えるだけでなく、自社単独では入手できない商品や顧客の情報を獲得することができる。クラウドサービスでもネット通販で利用されていた機能を提供するなどしている。このように、自身で直接消費者向けに販売するネット通販事業と、事業者向けにビジネスの基盤を提供する事業との相互作用が作り出されている。そして、それは世界最大のネット通販企業と、世界最大のクラウドサービス企業との連携を企業内で実現しているといえるものである。

3　アマゾンのネット通販の影響と問題

ここまでアマゾンのビジネスモデルについて論じてきたが、巨大な規模になったアマゾンは、経済・社会に大きな影響を及ぼしている。ここでは競合企業に与える影響と、物流の問題を取り上げる。

（1）競合企業に与える影響

近年米国投資情報会社が生み出した「デス・バイ・アマゾン」という言葉が示すように、アマゾンは競合企業に対して非常に大きな影響を与えている[(6)]。

具体的な事例をみると、がん具大手のトイザらスはアマゾンで同社のみががん具を販売する契約を結んだが、その後アマゾンがその品揃えに不満をもち他社とも契約した。それを受けてトイザらスはアマゾンとの契約を打ち切るが、その後同社がネット通販への投資を怠ったことで成長せず、結局倒産した。他にも書店大手のボーダーズなども同じような軌跡をたどっている。このようにネット通販事業を軽視した小売業はアマゾンに駆逐されている。

また、靴とアパレル通販のザッポスとベビー用品通販のクイッドシーに対しては、それぞれアマゾン内部に「エンドレス・ドット・コム」と「アマゾン・マム」を立ち上げ競合商品を低価格販売し、さらに翌日配送などの配送サービスを無料にすることで競合した。結果的に両社とも経営悪化し、アマゾンに買収されることになった。このようにアマゾンは狙った企業に対して、価格と配送サービスで利益を度外視した競争をしかけ、体力勝負に持ち込み、勝負に勝っている。他にも、食品スーパー最大手のホールフーズ・マーケットを２０１７年に買収している。

仲上哲が、他のネット通販事業者や小売事業者は「低価格販売とさらに新たな実質的値引きともとれる高サービスを提供することによって自らの薄利を常態化している」（『格差拡大と日本の流通』文理閣、2019年、100ページ）というように、アマゾンと競合する企業は、財務状況を顧みず投資を続け、物量を維持するアマゾンと競争しなければならない。こうした競争に対して、フランスでは中小の書店を保護する立場から「反アマゾン法」が制定され、オンライン書店が書籍を無料配送することが禁止された。それに対して、アマゾンは配送料を「0・01ユーロ」に設定する対抗措置をとっている。

（2）物流管理の問題

アマゾンのネット通販事業は自らコストをとっても「商品を可能な限り速く、低価格で消費者に届ける」ことで顧客を獲得していること、その前提として安定的に大量の注文を得ることが求められる。そのため、大量の物量を処理しなければならないが、それが物流現場で問題を生じさせている。ここでは日本を例にとり、庫内業務と配送業務の側面から物流管理の問題を取り上げる。

①庫内業務の問題

先述のように、アマゾンは自社で物流センターを保有し、自社の商品およびマーケットプレイスの商品を保管しており、注文に応じて棚から商品をピッキングし、商品に応じて包装し、出荷する。FC内の組織は大きくアマゾン社員、請負会社社員、現場労働者の3階層になっている。請負業者は当初は日本通運が、2017年度からワールドインテックが担っている。[7] 庫内業務を実際に担う現場労働者は請負業者が雇用した非正規労働者もしくは派遣労働者である。庫内業務は、入ってきた商品を棚に保管する入庫作業、注文に応じて商品を棚から取り出すピッキング作業、ピッキングされた商品を包装して出荷する出荷作業に分かれている。この物流センター内の庫内業務で問題になるのは特にピッキング業務の過酷さである。

アマゾンの物流センターは非常に大規模であり、商品を棚から取り出し、台車に置いて所定の位置まで運んでいく歩行距離は長くなる。国際労働組合総連合（ＩＴＵＣ）の調査では、ヨーロッパの従業員は1日当たり24キロメートル歩行している。それにより疲労骨折やぎっくり腰などを生じやすい。

入荷してきた商品から順に棚に保管するフリーロケーション方式を採用しているため、労働者は作業を重ねても商品の配置場所を覚えることができず、常にハンディーターミナルの指示通りに動くしかない。また、早朝出勤や残業など商品の波動の予測に基づいて人時調整が行われる。ヨーロッパでは「われわれはロボットではない」と繁忙期に合わせてストライキが実施されている。

最後に低賃金であることがあげられる。例えば、小田原ＦＣでは日中勤務（8時～17時）で、時給９００～９５０円程度、交通費なしとなっている。賃金の低さに対する批判から米国では大幅な賃上げが行われている。

②配送業務の問題

商品を物流センターから顧客まで配送する業務を本国では自社でも行っているが、宅配便サービスが発達している日本では配送業者を活用しており、特にヤマト運輸が利用されていた。しかし、アマゾンが成長するにあわせて荷物も増加の一途をたどり、２０１６年度には推定で年間3億個に達したと言われている[8]。そのような荷物の増加に再配達の負担も加わり、宅配ドライバーは労働時間が長時間化し、ヤマト運輸ではそれまでは繁忙期にのみ利用していた外部の下請業者も恒常的に利用するようになった。先に述べたように、アマゾンの運賃は平均の半額程度であり、荷物の増加ほどには売上げが伸びない一方でコストは上昇した。結果的に現場は機能しなくなり業績も悪化した。その結果、運賃の値上げや受け入れ量を抑制するようになった。

ネット通販の成長はアマゾンだけの問題ではないが、同社が本来コストのかかる配送料を安価・無料としたり、翌日配送や当日配送といった配送サービスを当たり前にしたことは間違いがなく、他社もそれに追随せざるをえなくなっている。そして、そのことが宅配業界を圧迫することになっているのである。

おわりに

以上のように、アマゾンは他のネット通販企業とは一線を画す存在である。自社で物流インフラなどに投資をし、「商品を可能な限り速く、低価格で消費者に届ける」ことで成長を続けている。しかし、それはアマゾンの効率的な仕組みだけでできているわけではなく、交渉力を背景に配達業者に支払う運賃を極めて低くするなど取引業者にコストを転嫁することで成立している。アマゾンは、たとえば日本において11億円（２０１４年度）の法人税しか払っていないなど、海外において適正な税負担をしていない問題もある。[9] 音声ショッピングを可能にし、顧客の生活に入り込むスマートスピーカー「アマゾン・エコー」や、「アマゾン・ペイ」などますます顧客の生活全般を包囲し、アマゾンで完結する生活を作り出そうとしている。その結果、供給業者や物流業者などとの非対称性はますます高まり、アマゾンからの要求を拒否することはできなくなっている。また、ベゾス氏の信念もあり業者に対する値上げなどはあっても、顧客に対しては値上げはなかったが、例えば売上げが下がり、FCなどの固定費の負担が増せば、場合によっては顧客への価格に転嫁される可能性は否定できない。このようにますます巨大になるアマゾンに対して、中小事業者の保護や公正な課税などより公正な競争が行われるルールづくりが求められる。

〈注〉
（1）アリババに関する金額は、1中国人民元＝0・159米《ド》《ル》で換算している。
（2）360pi. 2016. How many products does amazon carry?
（3）アマゾンの物流センターの呼称。
（4）『週刊東洋経済』2017年10月14日号。
（5）成毛真『amazon 世界最先端の戦略がわかる』ダイヤモンド社、2018年、82《ペー》《ジ》。
（6）「デス・バイ・アマゾン」は、米国投資情報会社が設定した株式のインデックスの名称であり、アマゾンの台頭によって苦しい立場になると予想される上場企業銘柄の株価を指数化したものである。そこには世界最大の小売業であるウォルマートやバーンズ&ノーブルなど小売業を中心とした54社がリストアップされている。
（7）庫内業務の問題については、横田増生『潜入ルポ アマゾン・ドット・コム』朝日文庫、2010年、および「しんぶん赤旗」2018年7月29～8月1日付を参考にした。
（8）『週刊東洋経済』2017年6月24日号。
（9）「しんぶん赤旗」2018年5月14日付。

アマゾンにみる流通分野の新展開と「反アマゾン法」

佐々木保幸

はじめに

現在、ＩＴの発展や情報機器の浸透を背景に、ＧＡＦＡ（Google、Apple、Facebook、Amazon.com）と呼ばれるプラットフォーマーが市場支配力を強めている。プラットフォーマーとは、概して企業等が運営するインターネット上のサイトで、商品販売や広告、その他の情報発信等を行うプラットフォームを提供する事業体である。通常、プラットフォーマーは自身で商品やサービス等の提供は行わないとみなされているが、ＧＡＦＡは自らもアプリを含む種々の商品・サービスを販売している。つまり、ＧＡＦＡ等のプラットフォーマー、とりわけAmazon.com（アマゾン・ドット・コム、以下では、アマゾン）はインターネットのサイト上を通して商品販売する通信販売業であり、かつ他の事業者に商品販売や広告宣伝等の「場」を提供する事業体であるという二面性を有している。しかも、アマゾン等のプラットフォーマーは、今や巨大多国籍企業としての側面も有していることから、多様な問題を惹起させている。

第一に、電子商取引販売の拡大に伴い、各国の市場で小売商業構造が変容している。第二に、プラットフォームの運営において、サイトへの出店事業者等との間に、不公正な取引の実態が指摘されている。そして第三に、進出国における利益を世界規模でグループ企業に移転させ、当該国での法人税等の負担を免れる問題が大きく取り上げられている。いずれも「ルールなき資本主義」のあり方が問われる重要な問題であるが、本稿では、第一と第二の問題に限定して論を進めたい。最後に、アマゾン等のインターネット小売業に対して独自の規制を設けたフランスの事例について述べる。

1　アマゾンの成長とアマゾン・エフェクト

（1）アマゾンの成長

アマゾンはジェフリー（ジェフ）・ベゾスによって、1995年に米国・シアトルで創設された。ベゾスがインターネット販売において書籍に着目した理由として、以下の諸点があげられる[1]。第一に、世界中で出版・流通する品目が300万点を超えるほど多いことである。第二に、書籍販売にかかわる事業者が細分化されており、巨大事業者による流通支配がみられないことである。第三に、当時、複数の出版業者と全米書籍販売業者協会の間で、出版業者による大型書籍店チェーンに対する有利な取引をめぐる反トラスト訴訟が起こされており、新規参入への反発が起きにくいと予想されたことである。第四に、書籍販売でディスカウント店が成長し始めていたことである。第五に、出版業者や多くの取次店を通じて、商品調達が容易であったことである。第六に、書籍販売に付きまとう返品問題をインターネット販売の利用によって削減できると考えたことである。このような諸要因をかんがみて、アマゾンは書籍販売から事業を始め、その後はマーケット・リーダーを目指し[2]、ひたすら売上高の拡大に向かって邁進していくのである。

アマゾンの販売拡大路線は、**表1**に示される。創業後わずか5年で、アマゾンの純販売額は27億ドルを超え、2010年には340億ドルに達し、2015年には1000億ドルを突破した。ここで注目したいのは、次の2点である。一つは、販売額の増大に対して営業利益が少ないことである。営業利益は2010年代半ばまで、2010年を除き10億ドルを超えることがなく、ようやく2015年以降に急増するようになった。これは、前述のとおりアマゾンが市場シェアを高めるために、利益よりも販売額の増大を重視したことを示している。

もう一つは、営業経費の多さである。純販売額に占める営業経費の比率は2000年約55%、2010年約95%と推移し、2011年以降は98%に達するようになった。営業経費の大半は原価が占めるが、その他にフルフィルメント（インターネット通信販売に伴う全ての売買操作）やマーケティング、技術およびコンテンツ開発、その他管理費等が含まれる。2016年の原価を除いた営業経費の純販売額に占める比率は約32%であり、2001年以降のこの比率の上昇は、まさにこれら諸費用の上昇によって引き起こされていることが看取できる。

後述するように、このような諸費用の増大があるにもかかわらず、無料配送サービス等をてことして、市場侵攻を図るアマゾンの販売戦略が問題となっているのである。

（2）多国籍流通企業としてのアマゾン

また、アマゾンはイギリスやドイツ、フランス、日本、カナダ、中国、イタリア、スペイン等でウェブサイトを運営し、世界175ヵ所以上に物流センターを設ける多国籍流通企業である(3)。**表2**に示されるとおり、アマゾンは一貫して販売額の60%前後を北米

表1　アマゾンの主要経営指標　（100万ドル）

	2000	2005	2010	2011	2012	2013	2014	2015	2016
純販売額	2,761	8,490	34,204	48,077	61,093	74,452	88,988	107,006	135,987
営業経費	1,519	1,607	32,798	47,215	60,417	73,707	88,810	104,773	131,801
営業利益	▲864	432	1,406	862	676	745	178	2,233	4,186

（注）各年12月31日。
（出所）Amazon.com,INC.,*Annual Report* 各年版より作成。

市場で現出しているが、２０１２年までは国際市場で販売額の40％超を得ていた。２０１３年以降は、企業を対象としたクラウド・コンピューティング・サービスであるＡＷＳ（Amazon Web Service）の販売比率が高まるが、国際市場での販売額は２０１４年に３００億ドルを超え、２０１６年には約４４０億ドルまで増大した。

アマゾンは、まさに経済のグローバル化を背景に、国内事業の支配力を国外にまで押し広げ、世界戦略のもとで最大限利潤の獲得を追求する企業（資本）[4]、すなわち多国籍流通企業として位置づけられよう。

（３）アマゾン・エフェクトの拡大

アマゾンに代表されるインターネット通信販売は世界的に急成長しており、アマゾンの母国である米国でも、既存小売業の業績が悪化し、小売業の構造変化が進行している。アマゾンは、物販での豊富な品揃えのみならず、動画配信等のさまざまなサービスを提供し、消費者への訴求力を高め、さらには膨大なデータを解析して市場侵攻を図っている[5]。

アマゾン等のインターネット通信販売業の拡大にも影響され、米国では近年、書店のボーダーズや、スポーツ用品のスポーツ・オーソリティ、アパレルのザ・リミテッド、家電のラジオシャック、玩具のトイザラス等が経営破綻した[6]。そして、２０１８年10月には、米国を代表するＧＭＳ（総合型量販店）を展開してきたシアーズが経営破綻に至った。西友売却の噂が絶えない世界最大の小売企業ウォルマートも例外でなく、中核事業以外を手放して、成長分野やテクノロジーに投資を集中するとしている[7]。また、多国籍アパレル企業でＧＡＰブランドを

表2　アマゾンの米国内外での販売状況

（上段:100万ドル、下段:%）

	2003	2005	2010	2011	2012	2013	2014	2015	2016
北米	3,259	4,711	18,707	26,705	34,813	44,517	55,469	63,708	79,785
	62	55	55	56	57	60	62	60	59
国際	2,005	3,779	15,497	21,372	26,280	29,935	33,519	35,418	43,983
	38	45	45	44	43	40	38	33	32

（注）各年12月31日。合計は100にならない。残りのシェアはAWSによる。
（出所）Amazon.com,INC.,*Annual Report* 各年版より作成。

展開するギャップも、消費者のネットシフトを背景に、北米で大量閉店を進め、オンライン投資を強化していく[8]。

消費者のネットシフトが既存小売業とりわけ店舗型小売業を圧迫していく現象は、アマゾン・エフェクトと呼ばれるが、その影響は書籍や家電、玩具部門にとどまらず、最近では消費者が日常的に購入する商品分野や国外市場にまで及んでいる[9]。

2　独占的商業資本としての巨大インターネット小売業

(1)通信販売業の革新性と新たな独占的商業資本の成立

19世紀後半から20世紀初頭にかけて、通信販売は米国で郵便制度や鉄道網の発展を基礎として、農村の分散した需要に対して、直接広告やカタログによる注文という利便性を提供し近代小売業の礎を築いた[10]。今日、アマゾン・エフェクトの影響を受けることになるシアーズ(シアーズ・ローバック、Sears, Roebuck & Co.)がその嚆矢《こうし》であったが、シアーズは仕入れコストと販売コストを切り下げ、低マージン・高回転での販売を追求するのみならず、大量受注・大量発送体制を築くことによって[11]、通信販売という新しい小売業態を確立させたのである。

アマゾン等のインターネット小売業は、このような通信販売業の革新性を発展させた一方で、プラットフォーマーとして無店舗形態でショッピング・センターを形成したといえよう。アマゾン等は、現代のＩＣＴ(情報通信技術)等の著しい発展を基礎に、非正規労働や低賃金・長時間労働が蔓延し、資本主義の矛盾が激化している状況下で急激に成長している。今日の消費者は少しでも低価格で、しかも時間節約的な消費をいっそう志向するようになっている。そのような経済的背景のもとで、現代的通信販売業とプラットフォーマーとしての二面性を有するアマゾン等のインターネット小売業は急速に成長し、大規模商業資本として発展するのみならず、流通部門における自由競争を制限する独占的商業資本（商業独占）としての地位を築くようになった[12]。

（2）プラットフォーマーによる不公正取引問題

実際、わが国においても、プラットフォーマーであるアマゾン等の巨大インターネット小売業が、取引業者に対して不当な取引を強いる問題が指摘されるようになった。経済産業省が2018年10月に中小企業者や個人事業主等2000社に聞き取り調査をした結果、その8割近くが、取引のルールを一方的に変更されたり、さまざまな名目の手数料を半強制的に徴収されたりしたと、プラットフォーマー等巨大IT企業に対する不満を表明している[13]。また、公正取引委員会は、2016年にアマゾンジャパンが取引先に競合するサイトの価格以下で出品するよう要求した契約を独占禁止法に抵触する疑いで検査し、その後に改善させたが、2018年には、同社が自社サイトで値引きした金額の一部を出品者に「協力金」として補てんさせていた疑いについて検査し、さらに、2019年になって、同社が商品を出品者に一律のポイント還元を求めた行動に対して実態調査を始めている[14]。

アマゾンジャパンとの取引業者は、取引継続を考慮して同社からの諸要求に対応しているのであろう。このような契約や行動は、独占禁止法上の優越的地位の乱用に該当する可能性がある。アマゾン等のプラットフォーマーによる不公正な競争行為は、独占禁止法上規制可能と考えられるが、法運用において、相互関連する複数の市場を個別に画定するのか、それとも一つの市場として画定するかといった問題や、プラットフォームに関する市場は多面市場であり、特定市場で行われた行為が他の市場に及ぼす効果や、ネットワーク効果、データ集積の競争への影響をどのように評価するかが複雑であるといった指摘や、プラットフォームに関する市場概念が不明確であるといった指摘がなされている。(15)

とはいえ、政府も２０１８年12月にプラットフォーマー規制に向けた基本原則を作成し、２０１９年からは独占禁止法や個人情報保護法の改正論議が進められる予定である。(16)

３　フランスにおける反アマゾン法の制定

（１）反アマゾン法制定の背景―仏書籍市場の構造変化

それでは、最後にアマゾン等の伸張に対するフランスの対応をみていこう。フランスでは、２０１４年７月８日に通称「反アマゾン法」（Loi Anti-Amazon）と呼ばれるLoi n°2014-779 du8 juillet 2014 encadrant les conditions de la vente à distance des livres et habilitant le Gouvernement à modifier par ordonnance les dispositions du code de la propriété intellectuelle relatives au contrat d'édition（以下では、反アマゾン法）が制定された。本法はその正式名称の前半に示されるように、書籍の通信販売に関する条件を定めるものである。

フランスにおける書籍市場は、２０１０年代に入って縮小傾向をたどるようになった。**表３**をみると、書籍販売額は２０１０年に約27億ユーロを計上するが、その後低下傾向をとり２０１３年以降25億ユーロ台で推移している。フランス人は読書好きといわれ、しかも書店で書籍

表3　書籍販売額の推移　（100万ユーロ、税別）

年	2001	2005	2009	2010	2011	2012	2013	2014	2015
販売額	2,254	2,628	2,703	2,707	2,669	2,639	2,559	2,517	2,535

（出所）Ministère de la Culture et de la Communication, *Le Secteur du livre:chiffres clés*各年版より作成。

表4　書籍販売における市場占有率の推移

	一般書店	大型専門量販店	大型非専門量販店	通信販売等	インターネット販売
2000	20.8	17.2	17.8	24.1	－
2005	19.3	21.7	20.7	16.7	5.4
2010	17.6	22.3	19.1	13.2	13.1
2012	18.5	22.5	19.5	15.0	17.0
2013	18.0	22.0	19.5	15.0	18.0
2014	18.5	22.0	19.5	14.5	18.5
2015	18.5	24.0	19.5	12.0	19.0
2016	18.5	24.5	19.0	11.0	19.5
2017	22.0	24.5	19.0	11.0	19.5

（注）合計は100にならない。
（出所）Ministère de la Culture et de la Communication, *Le Secteur du livre:chiffres clés*各年版より作成。

表5　電子書籍販売額および書籍販売額に占める比率の推移（上段:100万ユーロ,下段%）

2010	2011	2012	2013	2014	2015
52.9	56.8	81.8	105.3	161.4	163.9
2.0	2.1	3.1	4.1	6.4	6.5

（出所）Ministère de la Culture et de la Communication, *Le Secteur du livre:chiffres clés* 各年版より作成。

を購入することが一般的であった[17]。それゆえ、2010年代以降、書籍販売額が低下するということは、実数以上に大きなインパクトがあったといえよう。フランスでのアマゾン等に対する規制には、このような書籍市場全体の低迷があったことをまず押さえておかなければならない。

次に、この縮小傾向にある書籍市場において、2000年代、とりわけ2010年代以降、大規模小売業者を中心とした支配構造が構築された点を確認しておこう。**表4**に示されるように、2000年段階では、インターネット販売の市場シェアはみられず（2002年にはわずか2・2%であった）、通信販売等と一般書店のシェアが20%を超え、フナック（Fnac）等の大型専門量販店とカルフール（Carrefour）に代表されるハイパーマーケットを中心とした大型非専門量販店がそれに続く構造であったが、その後、書籍販売における構造変化が進行していく。2005年には一般書店のシェアが20%を下回り、かわって大型専門・非専門量販店が20%を超えるようになった。

また、この時期からインターネット販売シェアが増大し、2010年代半ばには、大型専門量販店のシェアが25%近くを占め、大型非専門量販店とインターネット販売のシェアがそれぞれ20%近くに及ぶようになった（フナックもインターネット販売を強化している）。このことは、見方を変えると店舗販売小売業である大型量販店、無店舗販売小売業であるインターネット販売による書籍市場における二元的な支配構造が確立されたと解することができる。これは書籍市場が縮小するなかでの構造変化であるため、フランスの一般書店にとっては、いっそうその経営を圧迫するものであった。

表5は、２０１０年代以降の電子書籍市場の拡大を表している。電子書籍販売は２０１０年に販売額５２００万ユーロで市場シェアが２・０％であったが、早くも２０１３年には販売額、市場シェアともに倍増し、翌14年にはそれぞれ3倍増となった。書籍のインターネット販売のみならず、電子書籍の拡大もまた一般書店には大きな脅威となったのである。

（２）フランス書籍市場におけるアマゾンの販売戦略

以上が、２０１０年代のフランス書籍市場の動向であるが、アマゾンは次のような販売戦略を採用し、急速にその地位を高めていった。その戦略とは、第一に書籍販売に適用する無料配送サービスであり、第二に書籍販売価格の５％引きである。アマゾンはこれらを同時に適用することを販売戦略の核に据えた。このような販売方法は、大型専門量販店であるフナックも導入している。

フランスでは、１９８１年に制定された書籍の販売価格に関するラング法（Loi n°81-766 du10 août 1981 relative au prix du livre）によって、販売店（書店、専門量販店、大型店）は、多様な価格で書籍を販売してはならないが、最大5％までの値引き（出版社が設定する価格の95％～１００％での販売）が認められている。同法に照らし合わせ、アマゾン等の実施する無料配送サービスが書籍販売価格の５％以上引きに相当すると問題視された。

この点について、以下の二つの点を認識しておく必要がある。一つは、パリのジベール（Gibert）のような既存書店も、インターネット販売は導入するものの、資本力の点からアマゾンやフナックと同様の販売戦略を採ることができず[18]、競争上の問題が激化した。もう一つは、市場浸透を図るアマゾンのダンピングともいえる販売戦略の原資が、法人税をフランスではなく税率の低い他国で納める租税回避行動によるものであるという批判である[19]。この点から、冒頭で述べたアマゾンのような多国籍に事業を展開する大規模インターネット販売企業が引き起こす三つの問題が、フランスでも顕著に発現されたことが理解できる。

（3）反アマゾン法の制定

以上のような状況をふまえて、アマゾン等の販売手法はフランスにおいて公正な競争を歪めるものであり、これを是正する必要が唱えられ、かつ衰退傾向にある一般書店（ある程度規模の大きな既存独立書店を含む）に対する公的政策を拡充することが求められるようになった。すなわち、アマゾン等に対する規制は競争政策上の観点と商業調整の観点から必要とされたのである。

それだけではない。フランスでは、書籍を単なる商品として扱うのではなく、それを文化的な財としてとらえる考え方が醸成されている。実際、文化・教育委員会（la commission des affaires culturelles et de l'éducation）の審議においては、書籍は文化的商品であり、単なる商品とは異なり、一般書店はその文化的な商品の流通を担う重要な存在であると位置づけられた[20]。概して、フランスでは文化行政が充実しているが、それは１９５９年に文化省が設立された際、人類にとり、またフランス人にとっても重要な作品にできるだけ多くの人が触れることができ、人々の生活や感性を豊かにする芸術や精神の作品の創造を奨励することが謳われ、文化活動は一般的な利益にかなうもので、国や自治体等の公的機関が支援すべきものであるという姿勢に導かれるものである[21]。このような背景のもとに、書籍並びにそれを販売する一般書店の持続可能性を追求する政策スタンスが打ち出されていき、反アマゾン法は議員立法として提出され、２０１４年に成立した。

（４）反アマゾン法の内容

反アマゾン法はラング法の補完的位置におかれ、書籍が購入者に配送され、書籍小売販売業内において引き渡されない場合、販売価格は出版社あるいは輸入業者によって固定されると規定している。小売業者は無料配送の提供を除いて、配送サービス料に商品価格の最大５％の割引をすることができる。また、同法の全ての条項は、印刷物およびデジタル形態の書籍出版に対して適用される。

おわりに

本稿では、世界的な巨大インターネット小売業であるアマゾンの成長、巨大インターネット小売業ないしプラットフォーマーの事業活動に起因する取引上の問題、そしてフランスの反アマゾン法について論じてきた。最後に、巨大流通企業の事業活動に対するフランスの姿勢を再確認しておこう。

２０００年代に入って、フランスでは、ハイパーマーケット等大型店の事業活動に対して、従来の規制政策から市場競争を志向する経済近代化法への転換が行われた。この時期に、大手小売企業はハイパーマーケット等の出店のみならず、大型店からコンビニ型の小型スーパーまで網羅する多様な業態開発を進め、あわせてインターネットを利用した新たな業態も展開した。それに加えて、前項でみたような電子商取引も拡大していったのである。

このような状況下で、フランスでは、消費者がインターネットで注文して店舗まで取りに行くタイプの小売業態（ドライブと呼ばれている）に対して規制を実施するとともに、インターネット販売における無料配送サービスに対する公的規制が導入された。その際、需給調整的な経済的規制からではなく、文化や社会生活といった社会的規制の観点からの接近が試みられたことが注目される。そして、そのような公的規制の検討過程では、社会的規制に立脚した議論が進められたが、最終的には経済的規制を伴う理念や内容が盛り込まれている。

もちろん、政府の姿勢（フランスの場合は、サルコジ政権からオランド政権への移行）によっても異なるが、このような点から示唆されることは、経済事象には経済的規制と社会的規制にかかわる側面が存在し、それらは密接に関連するということである。そして、両者を二律背反的にとらえるのではなく、現実の流通（経済）問題にあわせて、「ルールある資本主義」を実現すべく政策化していくことが重要となろう。

〈注〉

（1）ロバート・スペクター著、長谷川真実訳（２０００）『アマゾン・ドット・コム』日経ＢＰ社、53～59ページ。
（2）アマゾンは強大な会社をつくり上げ、マーケット・リーダーになることを志向していく（同上書、１６２ページ）。
（3）https://www.amazon.co.jp/b?ie=UTF8&node=4967767051（２０１９年３月20日アクセス）。
（4）丸山恵也（２０１２）「世界経済危機と多国籍企業」丸山恵也編著『現代日本の多国籍企業』新日本出版社、６ページ。
（5）（6）「日本経済新聞」２０１８年10月16日付。
（7）「日本経済新聞」２０１８年７月13日付。
（8）「日本経済新聞」２０１８年12月29日付。
（9）「日本経済新聞」２０１８年７月13日付。
（10）佐藤肇（１９７１）『流通産業革命』有斐閣、42ページ。
（11）同上書、51～55ページ。
（12）加藤義忠（１９８６）『現代流通経済の基礎理論』同文舘出版、78ページ。

（13）「日本経済新聞」2018年12月28日付。

（14）「日本経済新聞」2019年2月27日付、公正取引委員会（2017）「アマゾンジャパン合同会社に対する独占禁止法違反被疑事件の処理について」。

（15）デジタル・プラットフォーマーを巡る取引環境整備に関する検討会（2018）「デジタル・プラットフォーマーを巡る取引環境整備に関する中間論点整理（案）」。

（16）「日本経済新聞」2018年12月28日付。

（17）この点で、文化庁調査において、1ヵ月に1冊も本を読まないと答えた人が47・5％にも及ぶわが国との対比は興味深い（文化庁（2014）「『平成25年度国語に関する世論調査』の結果の概要」）。

（18）三浦敏（2015）「フランスにおける事業分野の調整」田中道雄・白石善章・相原修・三浦敏編著『フランスの流通・政策・企業活動』中央経済社、115ページ。三浦氏は反アマゾン法を、中小書店を保護するフランスの「分野調整法」として位置づけられる。

（19）同上論文、117ページ。

（20）同上論文、114ページ。

（21）国際交流基金（2004）『文化による都市の再生〜欧州の事例から』40ページ。

多国籍企業を規制する運動の新しい展開

筒井晴彦

1　人権尊重が大きな流れに

国際社会は今日、企業行動が人権におよぼす悪影響をますます懸念するようになり、「企業は社会の一員である」との認識に立って、ビジネス分野における人権尊重のとりくみをつよめている。国連の「グローバル・コンパクト」と「保護、尊重および救済：ビジネスと人権のための枠組み」、「ビジネスと人権に関する指導原則」や、ＩＬＯ（国際労働機関）の「多国籍企業および社会政策に関する原則の３者宣言」と「持続可能な企業」、ＯＥＣＤ（経済協力開発機構）の「多国籍企業行動指針」、ＩＳＯ２６０００（社会的責任に関する手引き）などがあいついで採択または改定されている。

これらの諸文書は、企業による自発的な人権じゅん守を奨励・促進するものであり、企業を法的に拘束するものではない。しかし、世界の労働組合やＮＧＯ団体は、これらを積極的に活用して、企業に人権尊重を求めるたたかいを強化している。とりわけ、労働組合は、新自由主義路線に対する職場からのたたかいの強化をよびかけ、主としてヨーロッパの多国籍企業とのあいだで、つぎつぎと「国際枠組み協約」（労働協約）と「欧州枠組み協約」（同）を締結し、労働者の人権を守るとりくみを強化している。こうした流れのなかで、国連は、「ビジネスと人権に関する条約」づくりに踏みだした。

このように、企業の社会的責任を強化するとりくみは、国際社会において新しい展開をみせている。

2　国連のとりくみ

企業の社会的責任を求める国際的な動向を図解してみた（**図**）。国連をはじめＩＬＯ、ＯＥＣＤ、ＩＳＯ（国際標準化機構）の各国際機関が企業の社会的責任に関してどのような原則と基準を採択・改定しているのかを図解したものである。

これらの原則・基準は、労働分野にかぎらず、環境保護や地域経済など広範な分野におよんでいる。なかでも重視されているのが、人権である。これらの国際文書は、世界人権宣言や二つの国際人権規約（A規約とB規約）、ＩＬＯ条約・勧告といった国際的に広く承認されている労働基準を共通して明記している。この点において、これらの文書は、相互に密接に関連しあい、人権尊重という大きな国際的な流れをつくっている。図解したとおり、企業の社会的責任をめぐって国際的な包囲網が築かれているといっていいだろう。

図　企業の社会的責任

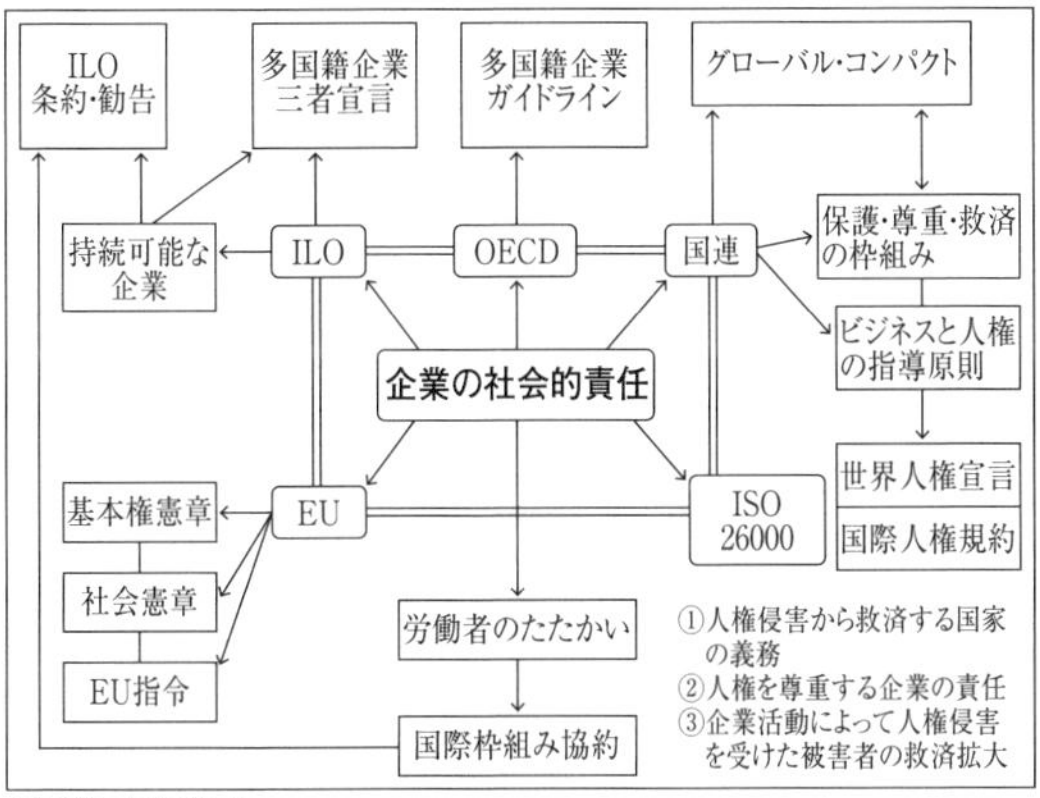

（出所）著者作成

（1）国連「グローバル・コンパクト」

出発点となったのは、国連「グローバル・コンパクト」である。

国連のコフィ・アナン事務総長（当時）は、１９９９年１月にひらかれた「世界経済フォーラム」で、世界各国の財界リーダーを前にして、国連と企業とのあいだに新しい関係を築くことを提案した。この提案を受けて、九つ（現在は10）の原則を中核とする国連「グローバル・コンパクト」が２００７年７月に発足した。企業の最高経営責任者（ＣＥＯ）は、「グローバル・コンパクト」がかかげる10原則の実践を約束し、署名入り書簡を国連事務総長に送付して、「グローバル・コンパクト」に参加する。今日、これに署名・参加する企業・団体は１万２０００、日本では３０２企業・団体が署名・参加している（２０１９年４月時点）。10原則を履行しない企業・団体は、除名されることになっている。

「グローバル・コンパクト」は、貧困と飢餓の撲滅やジェンダー平等など八つの目標をかかげる「国連ミレニアム目標」（この目標は現在の国連「持続可能な開発目標」（ＳＤＧｓ）に引きつがれている）の達成に企業がとりくむことを求めた文書である。４分野（人権、労働、環境、腐敗防止）で10の原則を定めている**（表）**。

（表）国連「グローバルコンパクト」の10原則

（人権分野）

原則１：企業は、国際的に宣言されている人権の保護を支持、尊重すべきである。

原則２：企業は、みずからが人権侵害に加担しないよう確保すべきである。

（労働分野）

原則３：企業は、組合結成の自由と団体交渉の権利の実効的な承認を支持すべきである。

原則４：企業は、あらゆる形態の強制労働の撤廃を支持すべきである。

原則５：企業は、児童労働の実効的な廃止を支持すべきである。

原則６：企業は、雇用と職業における差別の撤廃を支持すべきである。

（環境分野）

原則７：企業は、環境上の課題に対する予防原則的アプローチを支持すべきである。

原則８：企業は、環境に関するより大きな責任を率先して引き受けるべきである。

原則９：企業は、環境にやさしい技術の開発と普及を奨励すべきである。

（腐敗防止分野）

原則10：企業は、強要と贈収賄を含むあらゆる形態の腐敗の防止にとりくむべきである。

（２）国連「保護、尊重および救済の枠組み」

その後、国連は、企業が労働者の人権や消費者、地域社会に大きな影響をおよぼすこと、そのなかには環境汚染や労働条件の引き下げなど否定的影響が含まれていると認識するようになり、新たな文書を採択した。それが、国連「保護、尊重および救済：ビジネスと人権のための枠組み」（以下、「国連人権枠組み」）である。２００８年の国連人権理事会で採択された。国連史上はじめて、ビジネスが人権にあたえる影響について、国と企業の双方に責任があることを明確にした文書である。２００５年に、ハーバード大学教授のジョン・ラギー氏を国連事務総長特別代表に任命して以降、３年間の活動を経て、採択されたものである。

「国連人権枠組み」は、三つの柱で構成されている。

①人権侵害から救済するための国家の義務
②人権を尊重する企業の責任
③企業活動によって人権侵害を受けた被害者の救済措置へのアクセスの拡大

（３）国連「ビジネスと人権に関する指導原則」

この「国連人権枠組み」を運用するために、50回近い国際協議を経て２０１１年6月の国連人権理事会で採択されたのが「ビジネスと人権に関する指導原則：保護、尊重および救済を履行するために」（以下「国連人権指導原則」）である。「国連人権指導原則」は、「グローバル・コンパクト」が定める二つの原則（①企業は、国際的に宣言されている人権の保護を支持、伸長する、②企業は、みずからが人権侵害に加担しないことを確保すべきである）について、その概念と運用をさらに明確にした文書である。「国連人権指導原則」は、ビジネスと人権に関して、今日のすべての国家と企業に期待される行動のグローバル標準（最低基準）を定めたもの、と解説されている。「国連人権指導原則」は、人権を保護する国家の義務や、人権を尊重する企業の責任、人権デュー・ディリジェンス（調査）、救済へのアクセスなど、31の原則を示し、それぞれについて短い解説をつけている。31原則のうち約半分の14原則が企業の責任に関するものである。

世界の労働組合は、国連のこれらのとりくみを積極的に評価している。たとえば、国際労働組合総連合（ITUC）は、「2008年に採択された『国連人権枠組み』は、人権とビジネスに関する議論の全体を、積極的な方向へと転換した。『国連人権指導原則』は、国際的レベルにおける新たな重要な一歩である」と表明している。ビジネス分野における人権尊重の国連のこのとりくみは、ILOやOECD、ISOにも大きな影響をあたえている。これらの国連機関と歩調をあわせて、世界の労働組合もとりくみを強化している。以下に、それぞれのとりくみを紹介していきたい。

3　ILOのとりくみ

（1）「多国籍企業3者宣言」

国連の労働問題専門機関であるILOも、企業の社会的責任に早くからとりくんできた。1977年に「多国籍企業および社会政策に関する原則の3者宣言」（以下「3者宣言」）を採択した。雇用（雇用の促進、均等待遇、雇用の安定）、職業訓練、賃金などの労働条件・生活条件、安全衛生、労使関係（結社の自由と団結権、団体交渉権、労働争議の解決）について、多国籍企業、政府、使用者団体、労働団体に対してガイドラインを示している。

とりわけ企業の雇用責任について、国際諸文書のなかで最も包括的な規定を定めている。「3者宣言」が言及するＩＬＯ条約は17本、勧告は24本にのぼる。また、「3者宣言」は、その実行状況について定期的に調査し、理事会で議論する仕組みを盛り込んでいる。

２０１４年６月に開催されたＩＬＯ理事会は、「3者宣言」が、採択された当時以上に重要になっているとして、多国籍企業の規制強化を確認した。さらに、２０１７年、国連の諸文書を踏まえ、人権条項を強化して、この「3者宣言」を改定した。

（2）「持続可能な企業」

ＩＬＯは、その後、新しい提起をおこなう。「持続可能な企業」という提起である。２００７年のＩＬＯ総会で討議し、結論文書を採択した。企業は、社会の構成員であり、雇用や環境といった社会的側面に配慮して持続可能になってこそ経済も持続可能になる、という提起である。この提起の根底にすえられている考え方が大事である。

それは、①労働者はコストではない。労働者は財産である、②技能を身につけた熟練労働者は、企業の競争力の源泉である、③したがって、人員削減や賃金カットは、万策尽きた後の最後の手段とすべきである、という考え方である。日本企業は、労働者＝コストと考え、コスト削減のために労働者の賃金カットと人べらしを優先している。しかし、「持続可能な企業」の提起が示しているように、人をモノのようにあつかう企業には未来がないという考え方が国際社会であたり前になっていることを強調しておきたい。

この考え方は、ＥＵ（欧州連合）にも共通してつらぬかれている。２００５年10月の欧州首脳会議に提出された文書〔COM（2005）525final〕は、「ヨーロッパは、コストだけで競争するようなことを望むわけにはいかない」と明記している。また、欧州議会雇用・社会問題委員会の文書（2007年3月）も「ヨーロッパは、低賃金と低技能を利用して国際競争力を維持することはできない」と明記している。

4　OECDとISOのとりくみ

(1) OECD「多国籍企業行動指針」

OECDは、1976年に「多国籍企業行動指針」（以下「行動指針」）を採択した。多国籍企業が営業・生産活動をおこなう際に、最低限尊重・配慮しなければならない事項を定めたものである。日本を含むOECD加盟34ヵ国のほか、アルゼンチン、ブラジル、エジプト、ラトビア、リトアニア、モロッコ、ペルー、ルーマニアが参加している（計42ヵ国）。

当初、「行動指針」には人権に関する規定が存在しなかった。しかし、国連が「人権枠組み」と「人権指導原則」を採択したことを受け、2011年5月の改定によって、人権に関する章が新設され、国連の規定に沿った内容が盛り込まれた。取引・下請企業（サプライチェーン）に対しても人権デュー・ディリジェンス（調査）を実施することや、途上国においても生活賃金を保障することなどが新たに盛り込まれている。

さらに、紛争解決機能をもつ「ナショナル・コンタクト・ポイント（NCP）」（「行動指針」普及のための各国の連絡窓口）の手続きも強化された。

（2）ISO26000

ISOは、スイスのジュネーブに本部をおく、民間の国際認証機関であり、工業製品の標準化をすすめている。このISOは、80年代後半から、企業や組織の運営に関する規格の策定に乗りだしている。

2010年11月に、企業や組織の社会的責任に関する国際規格としてISO26000を発行した。国連の「人権枠組み」と「人権指導原則」が定める人権規定を盛り込み、企業だけでなくすべての組織を対象に、そのじゅん守を求めている。

ISO26000は、企業や組織が守るべき社会的責任として、七つの原則（①説明責任、②透明性、③倫理的な行動、④ステークホルダー（利害関係者）の利害の尊重、⑤法の支配の尊重、⑥国際行動規範の尊重、⑦人権の尊重）をかかげている。また、企業や組織がみずからの実践状況を点検すべきポイントとして「七つの中核主題」（①組織統治、②人権、③労働慣行、④環境、⑤公正な事業慣行、⑥消費者課題、⑦コミュニティへの参画およびコミュニティの発展）を示している。

ところで、当初、民間の国際機関が労働基準を定めることに、労働問題の専門機関であるILOは、批判的であった。ILOが定める国際労働基準を下回るような基準を民間の国際機関が策定するようなことがあってはならないと懸念したからである。

しかし、その後、ISOとILOとのあいだで協議が開始され、2005年3月に、先行する国際条約などの国際ルールとの整合性を保つことを確認する「覚書」を交わすことによって、ISO26000が発行されることになった。「覚書」は、ILO条約などの国際ルールを尊重すること、ILOは規格策定のすべてのプロセスに参加し発言できることなどを確認している。

5　国連が条約づくりを開始

（1）なぜ条約づくりに踏みだしたのか

国連は、ビジネス分野における人権尊重にむけて一連のとりくみをすすめてきた。ところが、多国籍企業の活動に起因する人権侵害は増大する一方であり、この人権侵害を防止し、被害者を救済するには、多国籍企業の活動を規制し、人権侵害から人びとを救済する適切な保護措置と社会正義を定める、拘束力のある国際文書が必要だとの認識を深めてきた。この分野で中心的役割を果たしてきたジョン・ラギー国連事務総長特別代表（当時）も、一連の文書に「拘束力がないという点が弱点になっている」と指摘し、「ビジネスと人権に関する条約」づくりに着手すべきだと表明していた（２０１４年5月14日）。

（2）どのような条約をめざしているのか

それでは、国連はどのような条約を採択しようとしているのだろうか。具体的内容は、もちろんこれからの長い協議のなかでの検討課題になる。しかし想定される要素は、国連が採択した一連の文書、とりわけ国連「人権とビジネスに関する指導原則」（２０１１年採択）である。これらの文書の特徴は、すでに紹介してきたとおりである。

（3）国連政府間作業部会の設置と開催

第37回国連人権理事会は2014年6月24日、国際的に法的拘束力をもつ文書（条約）を制定するための政府間作業部会の設置とその第1回会合の開催を決議した（国連人権理事会決議26/9）。政府間作業部会の名称を「人権と多国籍企業およびその他の企業に関する国際的な法的枠組みを交渉するための政府間作業部会」とし、その第1回会合を2015年7月6日～10日、スイスのジュネーブで開催する、と決定した。

この決議を提案したのはエクアドル政府であった。その背景には、国内資源の開発をめぐって多国籍企業から訴えられている同国にとって多国籍企業の規制が切実な課題になっているという事情があると考えられる。同国の提案は、85ヵ国と600をこえるNGO団体という広範な政府・団体によって支持された。ところが、人権理事会での決議採択は、きん差であった。理事国（47ヵ国）のうち賛成は20ヵ国、反対が14ヵ国、棄権が13ヵ国だった。

（※）賛成した国は、アルジェリア、ベニン、ブルキナファソ、中国、コンゴ、コートジボワール、キューバ、エチオピア、インド、インドネシア、カザフスタン、ケニヤ、モロッコ、ナミビア、パキスタン、フィリピン、ロシア、南アフリカ、ベネズエラ、ベトナム。

反対した国は、オーストリア、チェコ、エストニア、フランス、ドイツ、アイルランド、イタリア、日本、モンテネグロ、韓国、ルーマニア、マケドニア、英国、米国。

棄権した国は、アルゼンチン、ボツワナ、ブラジル、チリ、コスタリカ、ガボン、クウェート、モルジブ、メキシコ、ペルー、サウジアラビア、シエラレオネ、アラブ首長国連邦。

この投票結果から明らかなように、途上国が賛成し、「先進国」が反対するという構図がみてとれる。多国籍企業の90％が「先進国」の米国やヨーロッパ諸国、日本に本社をおくという事情が反映した結果といえるだろう。

①どのようなテーマで討議され、どこに論点があったか

第1回作業部会では、全体会のほかに、以下のテーマでそれぞれパネル討論がおこなわれた。

①「国連人権指導原則」の履行、②国際的に法的拘束力をもつ文書の原則、③文書の適用範囲：多国籍企業およびその他の企業：国際法における概念と法的性格、④域外を含めた国家の責任、⑤企業が人権を尊重することを確保するための国家の義務、⑥人権尊重のための企業責任の拡大、⑦企業の法的責任、⑧企業による人権侵害に関する国内および国際の救済措置へのアクセス

②条約の適用対象が論点に

条約の内容をめぐって論点になったのは、条約が対象とする企業の範囲である。

国連人権理事会決議26/9の名称は、「人権尊重のための多国籍企業およびその他の企業に関する国際的に法的拘束力をもつ文書の策定」である。多国籍企業だけでなく「その他の企業」という概念が含まれている。この「その他の企業」について、決議は、脚注のなかで、「その活動において多国籍的性格をもつすべての企業を意味し、国内法のもとで登録されている国内企業には適用されない」と明記している。これが大問題になったのである。

NGO団体は、この定義をつよく批判した。多国籍企業は、国内の下請け企業を含めて活動しており、国内企業を適用除外とするなら多国籍企業の実効ある規制につながらないし、そもそも人権侵害の犠牲者にとって、それが多国籍企業の活動に起因するものか国内企業の活動に起因するものかは関係ない、と主張した。EUも、適用対象に国内企業を含めるべきだと主張した。

多国籍企業の総数は7万7000社である。ところが、下請企業は80万社、取引企業は数百万社にのぼると指摘されている。米国のウォルマートだけでも、6万2000社と取り引きしている。こうした現実を考えるなら、下請・取引企業をつうじた違法・脱法行為を防止するためにも、条約の適用範囲を多国籍企業に限定せず、すべての企業に適用すべきという主張には道理がある。ILOが2016年総会でこのサプライチェーン（下

請・取引企業）の問題を議題にとりあげたのも、こうした認識に立っているからである。

つぎに論点となったのが人権侵害の規模である。「大量の人権侵害」とすべきという意見と、こうした限定をつけるべきでないという意見が対立した。

③賛否両論で対立

多くの「先進国」と企業関係者が条約制定に反対している。米国は第1回会合のすべてのプロセスをボイコットしたと報道されている。日本政府も欠席した。

EUの態度はどうだったか。EUは、人権侵害が発生しているのは国際的ルール・義務が欠如しているからではなくその履行の不十分さが原因であり、したがって「国連人権指導原則」の履行こそが優先すべき課題である、「国連人権指導原則」は将来の法的発展を排除したものではないが現状では新たな条約を採択する必要はない、という態度である。第1回会合では、①「国連人権指導原則」の履行を継続することを約束する、②作業部会の焦点を多国籍企業に限定せずすべての企業を適用対象とすること、と提案した。たしかに、EUは、米国や日本と異なり、「国連人権指導原則」の履行に熱心であり、そのためのアクション・プランを策定・更新してきた。しかし、条約づくりそれ自体を否定する態度は作業部会で受け入れられなかったため、EU諸国は、第2日目から退席してしまった。そもそも第1回会合に参加したEU政府は、28ヵ国中8ヵ国にとどまっていた。

多数の途上国とNGO団体は、現行の自発的文書では実効性がなく、国際的に法的拘束力をもつ条約が必要であるとの立場に立ち、会合を欠席した政府を批判している。例えば、NGO団体のひとつである国際労働組合総連合（ITUC）は、政府間作業部会の設置と第1回会合の開催、さらに意味のある条約の採択を歓迎している。第1回会合では、ILO条約が明記する労働者の基本的権利を含め国際的に承認されているすべての人権を条約の対象にするよう要求した。また、OECD多国籍企業行動指針やILO多国籍企業3者宣言、「国連人権指導原則」がすべての企業を適用対象にしている点に言及し、今後採択される条約はすべての企業を対象にすべきであると主張した。さらに、人権侵害の実効ある救済のために、監視制度と、国境を越えた司法制度の創設が必要になっていると主張した。

④第1回政府間作業部会の結論

第1回会合では、①企業活動に起因する人権侵害から人びとを保護する国家の義務、②人権を尊重する企業の責任、③救済措置へのアクセスの拡大、という「国連人権指導原則」の三つの柱に沿って、それぞれの履行状況を判定する既存のイニシアチブについて討議した。その結果、現状では「国連人権原則」の履行状況を判定するグローバルな制度が欠如しているために判定基準が未確立である、と判断し、したがってどれだけ履行されているのかという状況判定が作業部会にとってきわめて重要な課題になっているとの結論がまとめられた。

⑤NGO団体がカギをにぎる

第1回政府間作業部会は、予想されたことではあるが、条約制定に対する賛否両論が対立する会議となった。しかし、この会合で積極的役割を果たしたNGO団体は、全体として、「いいスタートを切った」と評価している。条約が実現するかどうかはNGO団体の奮闘にかかっているというのが衆目の一致するところである。このことを、「国連人権指導原則」の提唱者であるジョン・ラギー氏がこう指摘している。「ビジネスと人権に関する議題を前進させる中心は市民社会である」「(条約をめぐって)国家間でこのような分断が生じているとき、NGO団体のリーダーシップがつよく求められる」と指摘したうえで、「NGO団体が国家と企業に圧力をかけるために、国家が無視できないような提案をおこなうことが求められる」と発言している。

⑥第4回政府間作業部会に条約案を提出

翌2016年10月、第2回政府間作業部会が開催され、第1回会合に欠席したEU主要国政府と日本政府も参加した。米国政府はひきつづき欠席した。

なお、第1回会合で「国連人権指導原則」の履行こそ優先されるべきだと発言したEUにおいては、欧州評議会が、第2回会合を前にした2016年3月に「人権とビジネスに関する勧告」を採択した。勧告は、「国連人権指導原則」を全面的に踏まえ、①「国連人権指導原則」の履行、②人権を保護する国家の義務、③人権を尊重する企業責任を可能にする国の行動、④救済措置へのアクセス——以上の具体的規定を盛り込んでいる。

政府間作業部会は毎年開催され、第4回政府間作業部会（2018年10月）まで開催されている。2019年10月に第5回政府間作業部会が開催される予定となっている。

それでは、第1回以降の作業部会の討議を振り返ってみたい。なによりも大きな特徴は、第3回政府間作業部会（2017年10月）に、条約案の要素が提起され、第4回政府間作業部会（2018年10月）では条約案が提案・討議されたことである（条約案の発表は2018年7月）。これによって政府間作業部会は「新たな段階に入った」と指摘されている。なお、日本政府は、この第3回と第4回の会議に欠席している。

条約案は、国際法と人権の基本的原則を明記し、四つの柱で構成されている。

第一の柱は、最も重要な柱であり、人権侵害の防止となっている。「国連人権指導原則」の要素を盛り込んでいる。第二の柱は、被害者の権利として救済機関へのアクセスを明記している。救済機関へのアクセスにとって障害となっている問題の除去に焦点があてられている。第三の柱は、国際協力である。正義の実現にとって国家間の協力が不可欠になっていると明記されている。第四の柱は、監視システムの創設である。

これらの四つの柱は相互に関連するものであり、一つひとつを切り離して討議するのではなく全体として討議することが確認されている。

（4）国連による3度目の挑戦

今回の条約づくりは、国連による多国籍企業規制の3度目の挑戦となる。過去2回は、失敗に終わった。失敗の経過を振り返ることによって、今回のとりくみの新しい特徴と教訓が明らかになってくる。

国連が、ＩＬＯやＯＥＣＤと同様に、多国籍企業の規制にとりくみはじめたのは、１９７０年代である。１９７４年、国連経済社会理事会は、多国籍企業委員会を設置し、「多国籍企業行動規範」（拘束力のない自発的文書）づくりを開始した。しかし、途上国の多くをはじめ米国政府や日本政府などが「規制しすぎる」と反対し、この動きは、90年代に中断に追いこまれた。具体的作業をおこなっていた「多国籍企業センター」も廃止された。

2度目の挑戦は、国連人権委員会によるとりくみである。国連人権小委員会は、「人権に関する多国籍企業およびその他の企業の責任についての規範」（以下「新規範」）づくりを開始する。企業を拘束する準条約的な文書として検討がはじまり、２００３年に「新規範」が採択された。ところが、この文書は、これを支持する人権擁護団体と、反対する経済団体とのあいだで熱い議論をよびおこした。経済団体は「これは人権を民営化するようなものだ。国家の責務である人権擁護を企業に転嫁するものだ」とはげしく反対した。こうして、国連における多国籍企業規制のとりくみは、再び中断に追い込まれた。

2度の失敗を踏まえて、拘束力のないガイドラインとして、先述の「グローバル・コンパクト」や「国連人権枠組み」、「国連人権指導原則」がつぎつぎと採択されていった。この意義について、中心的役割をになったジョン・ラギー国連事務総長特別代表（当時）は、「国連人権指導原則（案）」の討議を前にした２０１０年秋の国連総会での年次報告において、「ＣＳＲ（企業の社会的責任）を宣言するだけの時代は終わった。人権を尊重する企業の社会的責任は、言葉だけでは果たせない。企業が人権を尊重していることを、『認めて、示す』ことができるような具体的な措置が必要である」とのべている。

しかし、その後、国連担当者やNGOのあいだで、拘束力のないことが弱点になっているという認識が広がるなか、「ビジネスと人権に関する条約」づくりがスタートした（2014年5月）。今回の政府間作業部会の設置と開催は、多国籍企業を規制しようとする国連にとっての3度目の挑戦となる。過去のとりくみは、途上国が反対するもとで失敗に終わった。しかし、今回は、これまで多国籍企業の規制に反対していた途上国の多くが賛成に回っている。自国の低賃金が国際競争力の源泉であるという考え方を転換させ、賛成しているのである。

また、これまで国連の討議にあまり関われなかったNGO団体が討論の流れをつくるというまったく新しい状況が生まれている。労働者・市民が新しい国際経済秩序をつくる運動の中心的プレーヤーとして国際社会に躍りでているのである。

同時に、多国籍企業内で「企業の社会的責任（CSR）」活動を推進するまじめな企業人の存在と活動も注目に値する。これらの企業人は、人権と環境などの倫理性を追求しながら、企業の違法行為と不正をただそうと努力し、国連の人権擁護のとりくみにも参画している。ビジネス分野における人権擁護の活動は、かつてない広がりをみせている。

国際社会は今日、発達した資本主義国だけで国際経済秩序を律することができない時代を迎えようとしている。このような世界の構造変化に対応した新しい民主的な国際経済秩序が切実に求められる。国際経済において民主的ルールを確立し、多国籍企業化した大企業に対して国際的な民主的規制をおこなうことが、諸国民のたたかいの緊急の課題として日程にのぼる新しい時代を迎えようとしている。人権に対する企業責任の強化を求める今日の運動は、まさにこうしたたたかいとなっているのである。

あとがき

小栗崇資

本書は雑誌『経済』６月号の特集「多国籍企業・グローバル企業と日本経済」における論稿をもとに構成されたものである。雑誌では座談会が組まれ、そこでの報告部分は本書に掲載されることとなったが、討論部分は紙幅の関係で収録されていない。座談会では、多国籍企業をめぐる新たな問題が取り上げられ様々に論じられたが、そうした論議の中ではさらに解明を必要とする論点や課題が提起されている。このあとがきでは、今後の研究の展開に多少なりとも寄与したいと考え、そうした点を紹介することとした。

論点や課題を列挙すれば次のようなものとなる。

①今日の多国籍企業・グローバル企業をどう規定すべきか。
②デジタル（プラットフォーム）多国籍企業をどう位置づけるか。
③プラットフォーム企業はどのような価値を創造しているか。
④ＧＡＦＡは従来型企業とどのような違いがあるか。
⑤デジタルエコノミー化は日本の産業と企業にどのような影響を及ぼすか。
⑥多国籍企業をどのように規制すべきか。

①の点については、多国籍企業の動態が大きく変容していることが論じられた。今や多くの企業経営がインタ

ーネットの発達とも関連してグローバル化しつつあり、多国籍化・グローバル化は中小企業にまで広がる一般的傾向となっている。「2か国以上の拠点をもつ企業」という多国籍企業の規定は、これまで世界経済に影響を及ぼしそれを支配する企業という意味をもっていたが、そうした規定だけでは従来の論議を発展させることが難しくなっている。そのためには、中核となる少数の独占企業がどのように世界経済を支配し、新しいシステムをどう世界的に形成しようとしているかという問題を解明しなければならない。変化の背景にはデジタルエコノミー化の進展があり、従来のような生産や販売の拡大のために海外進出先で投資を行うという多国籍化の形態が変化していると考えられる。その中心を担うのがデジタル多国籍企業であり、デジタル巨大企業の下で多国籍企業の経営形態が大きく転換しつつあるといってよい。そうした変化については座談会の報告の中で各論者から指摘されているので参照されたい。

②はその点と関連する論点である。世界のデジタル・エコノミー化の中心を担うのがデジタル多国籍企業という新しいタイプの企業であり、それをどのような企業として位置づけるかが大きな論点となる。デジタル企業はプラットフォームを利用した経済支配の方法を駆使することから、プラットフォーム企業（プラットフォーマー）と呼ばれている。プラットフォームとは事業遂行の基盤となるアプリケーション・ソフトのことをいい、インターネットを通じてスマホやパソコン上でユーザーに利用させることによってプラットフォーム・ビジネスが展開される。GAFAをはじめとするこのようなプラットフォーマーは、インターネット・ベースでの事業展開となるので、従来の企業のように進出先に拠点を形成する必要はなく、インターネットを通じて多国籍な事業を展開するのが特徴となる。進出先で設備や雇用を増やすことなく、世界経済を動かす力をもつに至ったのがプラットフォーム多国籍企業である。そうした新たな事業形態が生まれたことが、従来の多国籍企業の規定の見直しを求めているといえる。

そうしたデジタル企業の興隆はモノ造り企業にも大きな影響を与えている。モノ造りは依然として重要な産業であり、それ支える多国籍企業は世界経済の支配の一端を担っていることはいうまでもない。しかしデジタル・エコノミー化の中でモノ造りも変化を余儀なくされていることも事実である。例えば、自動車産業でいえば、都市交通がプラットフォームとしてのクラウドの中で統御されるようになると、自動車はそうしたネットワークの端末に過ぎなくなり、収益の多くは自動車ではなくデジタルネットワークから生まれるように変わっていくと考えられる。つまり自動車だけを作っていても収益は見込めなくなり、自動運転などのソフトの開発がモノ造り企業にも迫られる状況が生まれている。ＩｏＴ（インターネット・オブ・シングス）といわれるような、モノ造りと組み合わせたデジタル化、インターネット化が必要となっているのである。

モノ造り企業も何らかのプラットフォームに関わらざるをえない経済構造が生まれており、そうした意味でプラットフォーマーは世界経済の中核的な存在となりつつあるといえる。こうしたプラットフォーマーの研究が多国籍企業研究としても不可欠になっているのである。

③はそうしたプラットフォーマーは果たしてどのような価値を創造しているかという問題である。そこでは、プラットフォーマーは価値を創造しているか、それとも価値を収奪しているかという論点が想定される。実際には、モノ造りによって生み出された価値はそのまま実現されず、ネットワークを通じて実現されていくのであるが、それは価値創造だという意見もあれば、価値を移転させる仕組みを作ったに過ぎず、モノ造りの価値を収奪していると考える意見もありうるのである。またグーグルやフェイスブックのように、ほとんどが巨額の広告収入によって成り立っている企業をどう見るかという問題も存在する。

特にフェイスブックの収益構造に現われているが、フェイスブックの収益の多くは、フェイスブックが提供するソフトの利用者からではなく、そのプラットフォームに搭載される広告を提供する業者から支払われる広告料から構成されるという点である。このようなビジネスモデルは two-sided platform business と呼ばれる。

図に示される two-sided ビジネスモデルの特徴は、一般利用者はプラットフォーマーのソフトを無料で使用し、両者間には基本的に対価のやり取りが発生しないことである。もちろん、ソフト利用において付加的なサービスやアプリの販売がある場合は、代金や手数料が生じるが、重要な点は、プラットフォーマーの収益の多くはプラットフォームに加わる関連業者の広告料から発生することにある。関連業者はプラットフォーム内で行う広告から生まれる一般利用者の商品・サービス等の購買を期待しており、その広告の視聴があった場合に、プラットフォーマーに広告料を支払う仕組みが作られている。プラットフォーマーが生みだした場（マーケット）でビジネスをする関連業者が、広告料という形でプラットフォーマーに支払いをするという形態である。この場合、フェイスブックはどんな価値を形成しているかが検討されねばならない。

図　two-sidedのビジネスモデル

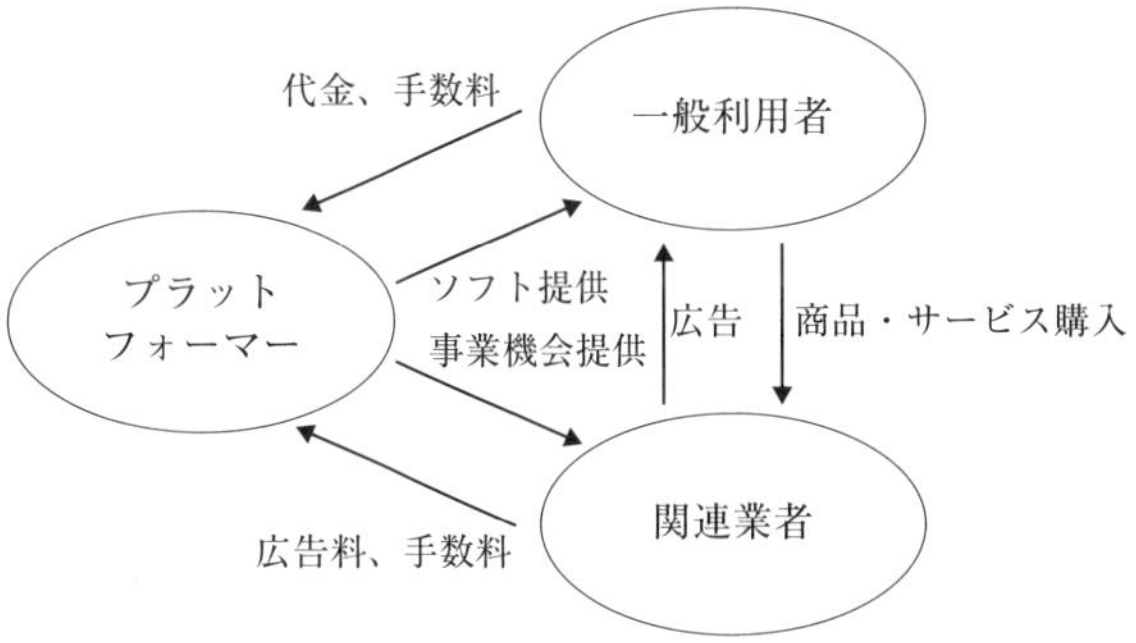

その点では、プラットフォーマーが構築するアプリケーション・ソフトなどの無形資産の役割について検討しなければならない。プラットフォーマーの経営資源はそうした無形資産によって支えられているが、無形資産の多くは現在では、財務諸表に表示されない。プラットフォーマーがどのような形で利益（ないしは価値）を生み出しているかが見えにくくなっている。従来型企業とは異なる財務構造がプラットフォーマーの下で生まれており、会計制度の問題を含め新たな分析方法の開発も必要になっているのである。

④はＧＡＦＡに代表されるデジタル企業と従来型企業との違いをどう見るかという論点である。大きな相違は、有形固定資産の大小である。従来型企業は世界中に子会社や工場を展開するため有形固定資産の比率が高いが、デジタル企業は子会社や設備の保有は低い割合となっているという点である。インターネットを通じて世界を丸ごとのマーケットとして事業展開するＧＡＦＡには、従来型企業のような有形固定資産は必要ではない。さらに重要な点は、ＧＡＦＡは子会社投資や設備投資をほとんどせず、代わりに多額の金融投資や研究開発投資を行うという点である。ＧＡＦＡは巨額の利益を得る収益構造を構築しており、そうした収益を金融や研究開発に投資している。結果的にはこうしたデジタル多国籍企業のもとでデジタル化と金融化がクルマの両輪となって展開されている。

近年、金融・証券業界の位置が低下しているのは、非金融分野の多国籍企業が金融業化していることと関係している。貯めた内部留保を金融資産への投資に回し、独自の金融業務を行う企業が増えており、金融機関の媒介なしに資金が循環するような構造が生まれている。さらにプラットフォーム型のビジネスの中に、ビットコインなどの仮想通貨も入ってきて、ますます金融とデジタルの融合が進むと思われる。ある意味で、ＧＡＦＡなどのデジタル企業が金融資本主義化を促進する役割を担い、世界の資金フローを変容させつつあるということができる。

⑤はこうした新たな多国籍企業の動向が日本の産業や企業にどのような影響を与えているかという問題である。それは日本企業の多国籍化とどう関連しているかという論点も含んでいる。

日本にはプラットフォーマー型の企業は少数で、モノ造り中心の多国籍企業が多数であることから、アメリカや中国のプラットフォーマーに市場の主導権を奪われる可能性が指摘されている。またモノ造りベースであるため、海外に子会社を拡大していく従来型の多国籍化が主流となっている。問題なのは、日本の国内への投資が減

る。

市場を捨てて、海外に活路を見出そうとする傾向を強めており、ここに日本の多国籍企業の特徴が現われている。

り、海外への投資が急激に増加していることである。法人企業統計によれば、国内の設備投資（有形固定資産）は2001年のピークから大きく減っている。それに代わって子会社投資を含む金融投資が増えており、2012年には金融投資が設備投資を上回った。その結果、本業の利益よりも金融投資から生じる利益や海外子会社から入ってくる利益が増大する傾向にあり、完全に利益の構造が変わってきている。日本企業の多国籍化は、国内市場を捨てて、海外に活路を見出そうとする傾向を強めており、ここに日本の多国籍企業の特徴が現われている。

日本経済のあり方や産業構造をどう民主的な方向へ転換していくかという課題の一つとして、こうした問題を検討していかねばならない。

⑥はこうした多国籍企業の世界経済支配に対してどのように規制していくかという問題である。多国籍企業に対する規制も少しずつ変化してきている。これまで3つの規範的な規制が提起されてきた。国連の「グローバルコンパクト」、OECDの「多国籍企業ガイドライン」、ILOの「多国籍企業及び社会政策に関する三者宣言」の3つである。その後さらに国連は「ビジネスと人権に関する指導原則」を2011年に提起した。その中心となったジョン・ラギー特別代表が『正しいビジネス』（岩波書店）という本を刊行しているが、ここに大事なことが書かれている。人権の保護、尊重、救済こそが、多国籍企業規制の根幹となるべきであるという考えである。こうした考え方に立って、各国の国内法も見直すべきことを論じている。さらに国連の「指導原則」を受けてILOの三者宣言も2017年に改定され、ディーセントワークが目標に入れられた。また国連は、2015年に「2030アジェンダ」を策定して「SDGs」（持続可能な開発目標）を提起している。そして、アジェンダに沿って、それまでの規範にとどまっていた段階から、法的拘束力のある多国籍企業規制の条約作りへの検討が始まっている。規制を一段と強めるための非常に重要な動きだと思われる。

またデジタル企業が集積・独占する個人データの取り扱いについてどう規制するかも問題となる。不正使用や権力への情報漏えいなども懸念されており、それに対して個人情報の保護をするための取組みも必要となっている。ＥＵでは一般データ保護規則（ＧＤＰＲ）が制定され、情報に対する規制も始まっている。

タックスヘイブンに関していえば、２０１６年にパナマ文書、２０１７年にはパラダイス文書が出て、多国籍企業の実態暴露が進んでいる。２０１２年のメキシコサミットでは「税源の浸食」への対策について論議され、それを受けたＯＥＣＤは２０１５年に「税源浸食と利益移転」（ＢＥＰＳ）という最終報告を出した。２０１９年１月から報告の実施段階に入り、ＯＥＣＤ各国がタックスヘイブンなどの「税逃れ」に対する対応を求められることになった。デジタル商取引に対する課税についても取り組みが始まっており、日本でも、国税庁が移転価格に対する文書を求める動きが生まれている。まだ不十分な点はあるが、多国籍企業を税務面で規制していくことが求められているのである。

以上のような論点や課題についてその一端を紹介したが、われわれは引き続きこうした問題についての研究と論議を進めていかねばならない。多国籍企業についての検討は、現代資本主義の局面を明らかにし、その行く末を見定めるうえで重要な課題となっているのである。

小栗崇資（おぐり　たかし）
1950年生まれ、会計学、駒澤大学教授。
著書に『現代日本の多国籍企業』（共著、2012年、新日本出版社）、『株式会社会計の基本構造』（2014年、中央経済社）、『内部留保の研究』（共編著、2015年、唯学書房）『現代日本の企業分析』（共著、2018年、新日本出版社）など。

夏目啓二（なつめ　けいじ）
1948年生まれ、経営学、愛知東邦大学教授、龍谷大学名誉教授。
著書に『現代日本の多国籍企業』（共著、2012年、新日本出版社）、『21世紀のICT多国籍企業』（2014年、同文舘出版）、『現代中国のICT多国籍企業』（2017年、文眞堂）など。

多国籍企業《たこくせききぎょう》・グローバル企業《きぎょう》と日本経済《にほんけいざい》

2019年10月30日　初　版

編著者　小　栗　崇　資
　　　　夏　目　啓　二
発行者　田　所　　稔

郵便番号　151-0051　東京都渋谷区千駄ヶ谷 4-25-6
発行所　株式会社　新日本出版社
電話　03（3423）8402（営業）
　　　03（3423）9323（編集）
info@shinnihon-net.co.jp
www.shinnihon-net.co.jp
振替番号　00130-0-13681
印刷　光陽メディア　　製本　小泉製本

落丁・乱丁がありましたらおとりかえいたします。

ISBN978-4-406-06394-4 C0033　　Printed in Japan